마법천자문

과학 퀴즈북

아울북 초등교육연구소 지음

2

식물의
세계

이 책의 구성

식물의 세계에 관련된 〈식물〉, 〈꽃과 나무〉, 〈식물의 이용〉, 〈재료의
이용〉의 4개 라운드로 구성되어 있습니다.

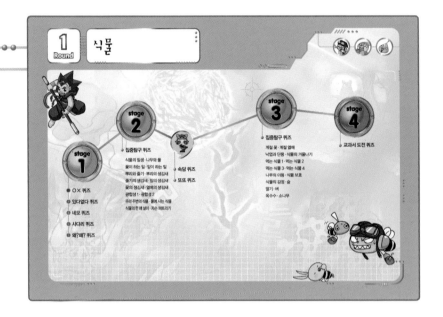

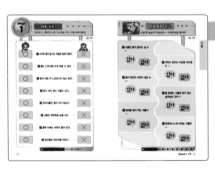

Stage 1

○× 퀴즈, 있다없다 퀴즈, 네모 퀴즈,
사다리 퀴즈, 왜?왜? 퀴즈 등 다양한
퀴즈로 주제에 대한 흥미를 유발하는
단계입니다.

Stage 2

각 주제에서 꼭 알아야 내용 48가지를 퀴즈를 통해 재미있게 알아가는 단계입니다.

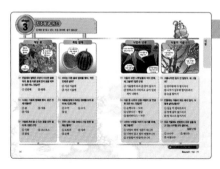

Stage 3

각 주제에서 꼭 알아야 내용 48가지를 퀴즈를 통해 재미있게 알아가는 단계입니다.

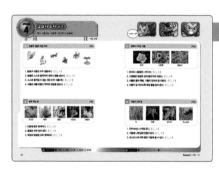

Stage 4

각 주제에 대한 교과서 내용을 간단한 ○× 퀴즈, 네모 퀴즈 등으로 풀어보는 단계입니다.

차례

◉ Round 1 - 식물

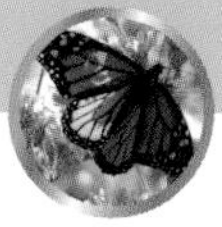
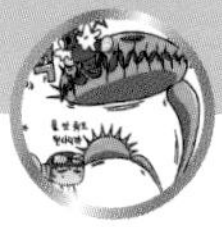
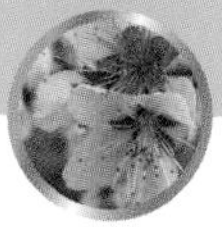
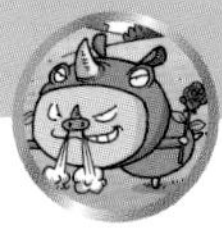

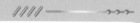

Round 2- 꽃과 나무

차례

◉ Round 3 - 식물의 이용

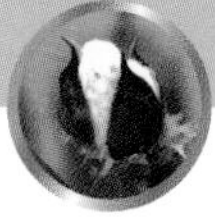 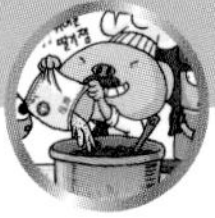 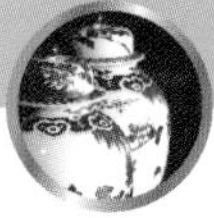 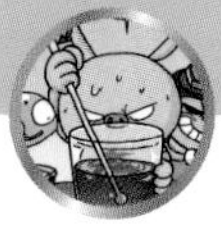

Round 4- 재료의 이용

stage 1

stage 2

집중탐구 퀴즈

쉬어가기

stage 3

집중탐구 퀴즈

stage 4

1 Round

식물

stage 2

집중탐구 퀴즈

식물의 일생·나무와 풀
꽃이 하는 일·잎이 하는 일
뿌리와 줄기·뿌리의 생김새
줄기의 생김새·잎의 생김새
꽃의 생김새·열매의 생김새
광합성 1·광합성 2
우리 주변의 식물·물에 사는 식물
식물의 한 해 살이·자손 퍼트리기

- 속담 퀴즈
- 또또 퀴즈

stage 1

- O×퀴즈
- 있다없다 퀴즈
- 네모 퀴즈
- 사다리 퀴즈
- 왜?왜? 퀴즈

stage 3

stage 4

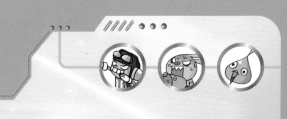

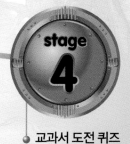

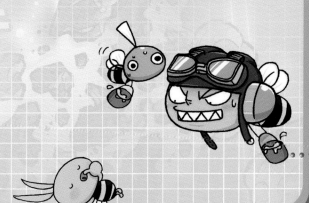

정답 12쪽

1 나무와 풀의 줄기는 하늘을 향해 자란다.

2 풀도 나무처럼 크게 자랄 수 있다.

3 꽃의 색은 약 1,000가지 정도 된다.

4 꽃이 피지 않는 식물도 있다.

5 강아지풀은 꽃이 피지 않는다.

6 식물은 하루종일 숨을 쉰다.

7 열매 속에는 씨앗이 들어 있다.

8 장군풀로 변비약을 만든다

각 쪽을 잘 보고, 답을 맞춰봐. 누가 더 많이 맞췄을까……

10

있다없다 퀴즈

있을까? 없을까? 알쏭달쏭~~ 비밀의 문을 열어봐!

정답 13쪽

식물

1 식물은 흙이 없어도 살 수 ~

있다 　 없다

2 씨앗이 없어도 자손을 퍼뜨릴 수 ~

있다 　 없다

3 꽃이 없어도 씨앗이 생길 수 ~

있다 　 없다

4 풀 중에는 겨울에 죽지 않고 살아남는 것이 ~

있다 　 없다

5 벌레를 잡아 먹는 식물이 ~

있다 　 없다

6 하루에 1m 씩 자라는 식물이 ~

있다 　 없다

14-15쪽 정답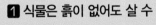

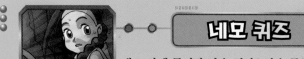

네모 퀴즈

네모 안에 들어갈 말은 뭘까? 답은 둘중 하나!

정답 14쪽

1 식물의 몸에서 줄기와 가지를 든든하게 지탱해 주는 것은 ▨▨다. ····· 뿌리 〉 잎

2 꽃을 피우지 않는 고사리는 ▨▨로 번식한다. ····· 뿌리 〉 홀씨

3 선인장의 가시는 ▨▨(이)가 변한 것이다. ······ 줄기 〉 잎

4 벼는 ▨▨에 심는다. ·················· 봄 〉 가을

5 식물은 운동을 ▨▨. ················· 한다 〉 안한다

6 식물 잎의 잎맥이 얽혀져 있는 것을 ▨▨맥이라고 한다. ····· 나란히 〉 그물

7 식물이 영양분을 만드는 일을 ▨▨(이)라고 한다. ····· 광합성 〉 수분

8 딸기의 꽃은 ▨▨색이다. ··········· 빨간 〉 흰

🦊 10쪽 정답 **1**○ **2**× **3**○ **4**○ **5**× **6**○ **7**○ **8**○

12

사다리 퀴즈

알쏭달쏭 수수께끼! 사다리를 타면 답이 나와.

정답 15쪽

1 녹색자루에는 은돈, 빨간자루에는 금돈이 들어 있는 것은?

● 귤

2 조금 나와도 많이 나왔다고 하는 것은?

● 나무

3 더울 때 잔뜩 껴입고 추울 때 벗어 버리는 것은?

● 옥수수

4 뼈가 있는 과일은?

● 버섯

5 기둥 하나와 지붕 하나로 지은 집은?

● 쑥

6 겉은 보름달, 속은 반달인 것은?

● 복숭아

7 옷을 벗으면 온 몸에 이빨이 있는 것은?

● 나팔꽃

8 음악을 연주하는 꽃은?

● 고추

11쪽 정답　**1** 있다　**2** 있다　**3** 없다　**4** 있다　**5** 있다　**6** 있다

내 인생은 빈대 인생이야. 같이 살면 좋잖아.

아니 요게 내 물을 다 빨아먹네.

오랜만에 비가 와서 꽃이 폈군.

사막엔 아무나 못 사는데, 꽃까지…. 장하다, 선인장!

왜 선인장은 줄기도 있고 가시도 있는데 잎은 안 보일까?

① 가시로 변했으니까
② 땅 속에서 자라니까
③ 너무 작아서

왜 겨우살이는 참나무에 꼭 붙어살까?

① 잎이 없어서
② 뿌리가 제대로 안 나서
③ 줄기가 약해서

제발 살려 줘! 제발!

어떻게 잡은 먹이인데! 널 보내 줄 것 같니?

벌레가 우서워

물 안 줘도 된다니까

아이 추워. 꽃잎을 꼭 닫고 있어야지.

왜 벌레잡이 식물은 벌레를 잡아먹을까?

① 벌레가 맛있어서
② 영양분을 보충하려고
③ 벌레가 공격해서

왜 튤립은 꽃잎을 폈다 오므렸다 할까?

① 추워서
② 햇빛이 눈 부셔서
③ 밤이 되어서

5

난 너무
수수해!

🔵 왜 강아지풀의 꽃은 잘 눈에 띄지 않을까?

① 꽃 모양이 잎과 비슷해서
② 꽃이 땅에 바싹 붙어 있어서
③ 꽃이 너무 작고 수수해서

6

못생긴 호박이
뭐가 좋다고.

나도 빨리
호박이 되고 싶어.

꽃이 지면
그 곳에
생길 거야.

🔵 왜 식물은 열매를 만들까?

① 겨울 날 준비를 하려고
② 씨앗을 퍼뜨리려고

7

🔵 왜 곤충은 꽃 주위로 모여 들까?

① 쉬기 위해서
② 꽃에 있는 꿀을 먹기 위해서
③ 집을 짓기 위해서

8

🔵 왜 식물의 잎은 어긋나기나 돌려나기의 형태로 붙어 있을까?

① 햇빛을 골고루 받기 위해서
② 비를 많이 맞으려고

🐾 13쪽 정답   1 고추 2 쑥 3 나무 4 복숭아 5 버섯 6 귤 7 옥수수 8 나팔꽃

stage 2

집중탐구 퀴즈

문제를 잘 읽고 맞는 것을 골라봐. 쉽지 않을걸!

식물의 일생

힉, 그럼 우리 열매가 꼴찌야?

우리 중에 가장 먼저 생긴 게 뿌리라며?

난 열매가 여문 강낭콩이야.

나무와 풀

나무처럼 오래 살면 좋을까?

우리 짧고 굵게 살자고.

초생(草生) 이 그렇지.

---

1 우리는 밥을 먹고 살아. 식물은 뭘 먹고 살까?

① 흙   ② 공기   ③ 물

2 씨앗에선 제일 먼저 뿌리가 나와. 뿌리는 먼저 나와서 무슨 일을 할까?

① 물을 빨아들여.
② 씨앗을 땅 위로 올려.
③ 벌레를 막아 줘.

3 씨앗이 뿌리를 내린 다음엔 싹이 나고 줄기와 잎이 생겨. 그 다음엔 뭐가 생길까?

① 씨   ② 꽃
③ 열매

4 풀은 작고 나무는 커. 그럼 풀이 자라면 나무가 될까?

① 그럼, 나무는 풀이 큰 거야.
② 아니, 나무와 풀은 상관 없어.

5 풀은 나무처럼 크게 자라지 못해. 왜 그럴까?

① 씨앗이 작아서
② 잎이 적어서
③ 오래 살지 못해서

6 풀과 나무 중 물이 귀한 사막에서 잘 자라는 건 누구일까?

① 크고 단단한 나무
② 가늘고 여린 풀

꽃이 하는 일

꿀맛이, 꿀맛이 끝내 줘요!

자, 자, 맛있게 먹고 알지?

잎이 하는 일

햇빛님! 우리 준비 다 됐어요!

더 얇게! 더 평평하게!

7 식물은 왜 꽃을 피울까?

① 잎을 보호하려고
② 씨를 만들려고
③ 햇빛을 많이 쐬려고

8 왜 꽃은 색깔이 예쁘고 향기로울까?

① 곤충의 관심을 끌려고
② 곤충을 쫓아 내려고
③ 햇빛을 많이 받으려고

9 꽃은 1년 중 언제 가장 많이 필까?

① 봄　　② 여름　　③ 가을

10 풀잎도 나뭇잎도 모두 초록이야. 왜 초록일까?

① 초록 물이 흘러서
② 초록 색소가 들어 있어서
③ 아직 덜 익어서

11 나뭇잎은 대부분 종이처럼 얇고 평평해. 왜 그럴까?

① 햇빛을 많이 쐬려고
② 비를 많이 맞으려고
③ 먹이를 저장하려고

12 햇빛이 잘 비치지 않는 곳에서 자라는 나뭇잎은 어떤 모양일까?

① 크고 넓적해.
② 가늘고 뾰족해.
③ 작고 둥글어.

정답과 해설은 뒤쪽에 있어.

집중탐구 퀴즈 정답 & 해설

식물의 일생

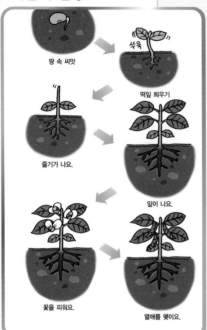

땅 속 씨앗

쑤욱

떡잎 틔우기

줄기가 나요.

잎이 나요

꽃을 피워요.

열매를 맺어요.

나무와 풀

사막에는 우리 같은 풀만 살 수 있다고!

헉! 알았어. 너희들이 이겼어!

산불이 난 후에 우리가 먼저 생겨나!

바람 불 때 고개를 빳빳하게 들고 있으니 꺾이지!

정답 4.② 5.③ 6.②

풀은 키가 커질 만큼 오래 살지 못하지만, 나무는 보통 수십 년에서 천 년 이상 살며 죽을 때까지 키가 자라요.

나무에 비하면 풀은 보잘것없어 보이지만, 풀이 나무보다 더 강할 때가 많아요. 산이 모두 불타 버린 뒤에 제일 먼저 살아나는 것도, 물이 귀한 사막에서 잘 자라는 것도 모두 풀이니까요. 또 나무는 센 바람에 꺾이지만 풀은 끄떡없으니까요.

정답 1.③ 2.① 3.②

물은 식물이 먹고 사는 영양분을 만드는 재료예요. 물은 잎에서 공기와 햇빛을 만나 영양분이 돼요. 씨앗이 먼저 뿌리를 내서 물을 빨아들이는 것도 떡잎을 틔울 영양분을 만들기 위해서예요.

꽃이 하는 일

잎이 하는 일

정답 7.② 8.① 9.②

식물은 꽃을 피워 씨를 만들고 열매를 맺어요. 그런데 씨를 만들려면 곤충들의 도움이 필요해요. 그래서 예쁜 색깔과 향기로 곤충들의 관심을 끌어요. 또 곤충이 많은 여름에 꽃을 피워요.

씨앗은 수술의 꽃가루가 암술머리에 붙어야 만들어질 수 있어요. 그런데 꽃가루는 혼자서는 움직이지 못해서, 꿀을 먹으러 온 곤충의 몸에 붙어 암술머리로 가요.

정답 10.② 11.① 12.①

나뭇잎은 초록의 엽록소라는 물질로 식물의 영양분을 만들어 내요.

나뭇잎은 햇빛을 잘 받을 수 있는 모양이에요. 햇빛이 적은 곳에서 최대한 햇빛을 많이 받도록 잎이 크고 넓적해요.

하지만 절벽처럼 햇빛은 좋지만 바람이 센 곳의 나뭇잎은 작고 튼튼해요. 잎이 크면 바람을 맞고 흔들려 뿌리가 뽑힐 수도 있으니까요.

16-17쪽 정답이야.

집중탐구 퀴즈

문제를 잘 읽고 맞는 것을 골라봐. 쉽지 않을걸!

뿌리와 줄기

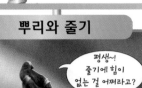

뿌리의 생김새

13 식물의 몸에서 줄기와 가지를 튼튼하게 지탱해 주는 곳은 어디일까?

① 뿌리　　② 잎　　③ 꽃

14 나무와 풀은 줄기가 하늘을 향해 자라. 왜 그럴까?

① 신선한 공기를 마시려고
② 햇빛에 가까이 가려고
③ 비를 많이 맞으려고

15 나팔꽃은 줄기가 약해서 곧게 자라지 못해. 그럼 어떻게 자랄까?

① 옆으로 길게 뻗어.
② 땅 위를 기어.
③ 다른 물체를 감으면서 자라.

16 흙 속의 물은 어떻게 식물 속으로 들어갈까?

① 뿌리가 힘껏 빨아들여서
② 저절로 끌려가서

17 뿌리는 처음엔 가늘고 여려. 그럼 어떻게 단단한 땅을 뚫는 걸까?

① 조금씩 자라며 파고 들어가.
② 땅을 녹이는 물질을 내뿜어.
③ 여러 뿌리가 힘을 합쳐 뚫어.

18 보통 식물은 흙 속에 뿌리를 내고 살아. 그럼 흙이 없으면 살 수 없을까?

① 그럼, 살 수 없어.
② 아니, 살 수 있어.

줄기의 생김새

야! 울퉁불퉁 아름다운 내 피부!

우리의 거친 피부가 나무를 보호해 준다고.

잎의 생김새

잎맥님이 있어서 목도 안 마르고 배불러요.

허허. 물 좀 더 날라다 줄까?

---

19 식물은 줄기가 물을 날라 줘. 어디서 어디로 날라 주는 걸까?

① 잎과 꽃에서 뿌리로
② 뿌리에서 잎과 꽃으로

20 줄기는 잎과 꽃과 열매가 안 떨어지게 단단히 잡아 줘. 또 무슨 일을 할까?

① 영양분을 저장해.
② 물을 빨아들여.
③ 씨앗을 만들어.

21 울퉁불퉁한 나무의 줄기 껍질은 무슨 일을 할까? (답은 2개)

① 우산처럼 비를 막아.
② 외투처럼 추위를 막아.
③ 해로운 곤충과 병균을 막아.

22 잎은 비닐 같은 얇은 껍질에 싸여 있어. 이 껍질은 무슨 일을 할까?

① 잎을 따뜻하게 해.
② 잎에서 물기가 못 날아가게 해.
③ 곤충이 못 먹게 해.

23 우리 몸엔 핏줄이 구석구석 퍼져 있어. 그럼 식물의 잎엔 뭐가 구석구석 퍼져 있을까?

① 잎맥   ② 가지   ③ 가시

24 옥수수의 잎맥은 반듯이 쭉쭉 뻗어 있어. 이런 잎맥을 뭐라고 부를까?

① 그물맥
② 나란히맥

정답과 해설은 뒤쪽에 있어.

집중탐구 퀴즈 정답 & 해설

뿌리와 줄기

뿌리의 생김새

정답 13. ① 14. ② 15. ③

식물의 몸은 뿌리, 줄기, 잎으로 나누어요. 뿌리는 물을 빨아 올리고, 줄기와 가지가 잘 자라도록 식물의 몸을 지탱해요.
줄기와 가지는 햇빛에 조금이라도 더 가까이 가려고 하늘을 향해 곧게 자라요.
하지만 나팔꽃 같은 식물은 줄기가 약해서 다른 물체를 감으면서 올라가요.

정답 16. ② 17. ① 18. ②

사실 뿌리가 물을 직접 빨아들이는 게 아니라, 흙 속의 묽은 물이 식물 속의 진한 물 쪽으로 끌려가는 거예요. 흙 속의 물이 저절로 뿌리 속으로 가는 것이지요.
식물은 무슨 일이든 서두르는 법이 없어서, 땅을 뚫을 때도 뿌리골무라는 작고 단단한 부분으로 조금씩 파고들어요. 또 식물은 물이 있는 곳이면 어디라도 뿌리를 내리고 살 수 있어요.

줄기의 생김새

이봐, 줄기!
물 좀 팍팍 보내
줄 수 없어?

갈시렁
궁시렁

물도 보내고
양분도
저장하고….
진짜 바쁘다.
바빠!

헉헉, 물을
빨아들이는
것도 힘들어.

잎의 생김새

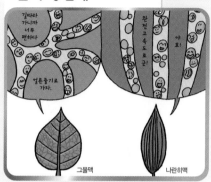

길따라
가니까
너무
편하다

환경고속도로군!

아
호!

얼른줄기로
가자.

그물맥

나란히맥

정답 19. ② 20. ① 21. ②, ③

줄기는 여러 가지 일을 해요. 뿌리에서 빨아올린 물을 구석구석으로 날라 주고, 잎과 꽃과 열매를 단단히 잡아 줘요. 또 잎에서 만든 양분을 저장하기도 해요.

줄기가 연한 풀과 달리 나무는 줄기가 단단해요. 줄기는 코르크라는 단단한 껍질로 덮여 있기 때문이에요. 나무껍질은 나무가 여러 해를 사는 동안 춥지 않게 해 주고 해로운 병균과 곤충을 막아 줘요.

정답 22. ② 23. ① 24. ②

잎을 잘 보면 얇은 껍질이 있어요. 이 껍질은 우리 피부처럼 잎을 보호하고 물기가 못 날아가게 해요.

또 잎에는 가는 줄이 지나고 있어요. 이 줄을 잎맥이라고 하는데, 물과 양분이 오가는 통로예요. 잎맥엔 나란히 지나는 나란히맥도 있고, 서로가 그물처럼 얽힌 그물맥도 있어요.

한해살이풀들은 나란히맥이 많고, 나무들은 그물맥이 많아요.

20-21쪽 정답이야.

집중탐구 퀴즈

문제를 잘 읽고 맞는 것을 골라봐. 쉽지 않을걸!

꽃의 생김새

쩝쩝, 줄들 서고! 기다리쇼.

벌님, 이 꽃가루 꼭 옮겨 주실 거죠?

멋진 암술로 옮겨 주세요. 네?

열매의 생김새

난 우산이끼야.

난 꽃이 없어도 혼자 씨앗을 퍼뜨 릴 수 있다고!

25 다음 중 활짝 핀 꽃 속에 있는 것은 뭘까? (답은 2개)

① 암술　　　② 수술
③ 씨앗

26 암술은 수술에서 이것을 받아서 씨앗을 만들어. 이건 뭘까?

① 꿀　　　② 열매
③ 꽃가루

27 암술과 수술은 서로 따로 따로 있어. 그럼 꽃가루는 누가 주로 옮길까?

① 곤충　　　② 물
③ 잎과 줄기

28 맛 좋고 탐스런 열매는 어떻게 만들어질까?

① 씨앗이 크게 자라서
② 꽃이 지고 남은 부분이 자라서
③ 잎과 줄기가 뭉쳐서

29 식물 중에는 고사리처럼 꽃이 피지 않는 것도 많아. 이 식물들도 열매는 맺을까?

① 그럼, 열매는 맺어.
② 아니, 열매도 못 맺어.

30 식물은 되도록 씨앗을 멀리 퍼뜨리려고 해. 왜 그럴까?

① 다른 식물과 만나려고
② 영양분을 뺏기지 않으려고

광합성 1

넌 우리가 먹을 물을 빨아들여 주는 뿌리야.

난 도대체 뭐지? 뿌리? 줄기? 잎? 혹시 꽃?

광합성 2

산소를 마시면서 푹 쉬자고.

낮에 영양분을 열심히 만들었더니 피곤하군.

31 식물은 물과 햇빛, 그리고 이것으로 영양분을 만들어. 이것은 뭘까?

① 흙   ② 공기   ③ 꿀

32 식물은 잎을 활짝 펼쳐 햇빛과 공기를 모아. 그럼 물은 어떻게 모을까?

① 잎을 활짝 펼쳐서
② 줄기를 길게 뻗어서
③ 뿌리를 멀리 뻗어서

33 식물이 먹이를 만들려면 잎에 꼭 있어야 할 게 있어. 무엇일까?

① 엽횡소   ② 엽홍소
③ 엽록소

34 식물은 낮에 영양분을 만들며 이걸 내보내서 공기를 맑게 해. 이건 뭘까?

① 산소   ② 물
③ 이산화탄소

35 식물도 숨을 쉬어. 언제 쉴까?

① 하루 종일
② 먹이를 만드는 낮에
③ 먹이를 만들지 않는 밤에

36 식물은 먹이도 만들고 숨도 쉬어. 그럼 땀도 흘릴까?

① 그럼, 땀이 나지.
② 아니, 땀은 안 나.

정답과 해설은 뒤쪽에 있어.

꽃의 생김새

열매의 생김새

정답 25.①, ② 26.③ 27.①

꽃은 꽃잎, 꽃받침, 암술, 수술로 이루어져 있어요. 꽃잎과 꽃받침은 날씨 변화와 적으로부터 암술과 수술을 보호해요. 그 중 꽃잎은 아름다운 색깔로 꽃가루를 옮겨 줄 곤충의 관심을 끌어요.

꽃의 수술에서는 꽃가루가 만들어져요. 곤충들이 이 꽃가루를 암술머리로 옮겨 주면 씨앗이 만들어져요. 그리고 꽃이 지면 씨앗이 안에 든 열매가 맺혀요.

정답 28.② 29.② 30.②

열매 속에는 씨앗이 들어 있는데, 꽃이 지고 남은 부분이 자라 열매가 돼요. 꽃이 피지 않으면 열매를 맺을 수 없는 것이지요.

식물이 열매를 맺는 건 되도록 자손을 멀리 퍼뜨리기 위해서예요. 가까이 한 곳에만 자손을 퍼뜨리면 서로 물과 햇빛을 얻겠다고 싸우게 될 테니까요. 열매를 먹은 동물을 따라 되도록 멀리 가려는 것이죠.

광합성 1

광합성 2

정답 31.② 32.③ 33.③

식물은 햇빛, 물, 공기를 가지고 스스로 영양분을 만들어요. 잎이 햇빛과 공기를 모으고, 뿌리가 빨아올린 물이 줄기를 타고 잎으로 오면, 잎의 세포 속에 든 엽록체에서 영양분을 만들어요. 엽록체 속에는 광합성에 없어서는 안 될 엽록소가 들어 있는데, 엽록소가 초록빛을 띠어서 잎도 초록빛이에요.
식물이 이렇게 영양분을 만드는 일을 광합성이라고 해요.

정답 34.① 35.① 36.①

식물은 하루 종일 산소와 이산화탄소를 마시고 내보내면서 숨을 쉬어요. 햇빛이 비치는 낮엔 광합성을 하며 이산화탄소를 마시고 산소를 내보내요. 햇빛이 없어 광합성을 못 하는 밤에는 낮과 반대로 산소를 마시고 이산화탄소를 내보내요.
또 식물은 우리가 땀을 흘리는 것처럼 몸 밖으로 물을 내보내요. 잎의 숨구멍을 통해 뿌리에서 빨아올린 물을 내보낸답니다.

24-25쪽 정답이야.

집중탐구 퀴즈

문제를 잘 읽고 맞는 것을 골라봐. 쉽지 않을걸!

우리 주변의 식물

우린 돌보지 않아도 이렇게 예쁘다고.

나 장미보다 예뻐?

물에 사는 식물

전 물 속에서 우아하게 살아요.

37 다음 중 학교 뜰이나 우리 집 화단엔 어떤 나무를 심으면 좋을까?

① 꽃이 예쁜 벚나무
② 힘이 센 신갈나무

38 채송화, 백일홍, 봉숭아와 같이 키 작은 꽃은 어디에 많을까?

① 넓은 들판　　② 학교 뜰

39 들꽃은 보살펴 주지 않아도 혼자서 자라고 꽃을 피워. 다음 중 들꽃은 누구일까?

① 빨간 장미
② 보라색 제비꽃

40 물옥잠은 물에 떠서 살아. 그럼 줄기는 어떻게 생겼을까?

① 구멍이 숭숭 뚫려 있어.
② 물이 꽉 차 있어.
③ 단단한 껍질로 싸여 있어.

41 다음 중 바다 속에 사는 식물은 어느 것일까?

① 미역　　　　② 선인장
③ 연꽃

42 바다 속에 사는 식물도 햇빛을 받아서 영양분을 만들까?

① 그럼, 영양분을 만들어.
② 아니, 못 만들어.

식물의 한 해 살이

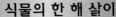

호호, 너희도 우리처럼 활짝 필 거야.

와~봄이다. 봄!

자손 퍼뜨리기

내 가벼운 솜털 좀 봐.

바람에 아주 제대로 날리겠는걸?

43 어느 날 씨앗에서 뿌리가 나오기 시작해. 무엇 때문일까?

① 물과 산소와 따뜻한 공기

② 햇빛

44 봄이면 가지마다 새싹이 터. 새싹은 어디서 나오는 걸까?

① 나뭇가지 틈새에서

② 겨울눈에서

45 봄에 돋아난 새싹보다 여름에 무성한 잎 색깔이 더 진해. 왜 그럴까?

① 엽록소가 많아져서

② 잎이 커져서

46 민들레씨는 가벼운 솜털을 두르고 있어. 어떻게 멀리 퍼질까?

① 바람에 날려.

② 나비가 날라 줘.

③ 물에 떠 가.

47 봉숭아 씨앗은 주머니에 들어 있어. 씨앗을 어떻게 퍼뜨릴까?

① 바람에 날려서

② 씨앗 주머니를 '툭' 하고 터뜨려서

48 질경이는 빗방울을 맞으면 열매 뚜껑이 열려 씨앗이 튀어나와. 씨앗은 어떻게 될까?

① 튄 곳에 자리를 잡아.

② 빗물을 타고 멀리 흘러가.

정답과 해설은 뒤쪽에 있어.

집중탐구 퀴즈 정답 & 해설

우리 주변의 식물

물에 사는 식물

정답 37.① 38.② 39.②

학교 뜰이나 집 근처에는 은행나무, 단풍나무, 벚나무처럼 예쁜 꽃이 피거나 보기에 좋은 나무를 심어요. 뜰의 앞줄엔 채송화, 백일홍, 봉숭아같이 키 작은 꽃들을 심고요. 밭에선 무나 배추 같은 채소를 길러 먹어요.

하지만 일부러 심어 가꾸지 않아도 아름다운 식물이 많아요. 제비꽃, 달맞이꽃 같은 들꽃도, 갈대와 같은 들풀도 모두 아름다운 식물이랍니다.

정답 40.① 41.① 42.①

물 위에 사는 식물은 물에 잘 견디고 흐름을 잘 타는 모양이에요. 물에 잘 뜰 수 있도록 줄기엔 공기 통로가 있고요.

바다 속에도 식물이 많아요. 우리가 즐겨 먹는 미역, 다시마, 파래, 김은 모두 모두 바다 식물이에요. 바다 식물도 광합성을 해서 산소를 내보내요. 그러면 물고기가 모여들어 산소를 마신답니다.

식물의 한 해 살이

자손 퍼뜨리기

정답 **43.**① **44.**② **45.**①

봄이 오면 땅 속에 물과 산소가 스며들고 따뜻한 공기가 닿아 씨앗이 싹을 틔워요. 나뭇가지에선 작은 몽우리 모양의 겨울눈이 새싹을 틔우고요. 여름이 되면 잎은 햇빛을 많이 받고 엽록소가 많아져서 짙은 초록빛이 돼요.

날씨가 추워지면 나무는 겨울 날 준비를 하지만 풀은 시들어 버려요. 연약한 줄기로는 물을 충분히 빨아들일 수 없기 때문이에요.

정답 **46.**① **47.**② **48.**②

식물은 열매 말고도 여러 가지 방법으로 씨앗을 퍼뜨려요.

민들레씨는 가벼운 솜털을 바람에 실어 날아가요. 단풍나무와 소나무의 날개가 달린 씨앗도 바람에 실려 가고요. 봉선화와 제비꽃 씨앗은 열매껍질이 '툭' 하고 터질 때 멀리 퍼져요. 도꼬마리와 도둑놈의갈고리 씨앗은 동물의 몸에 붙어 가고요. 질경이는 빗물에 씨앗을 떠내려 보낸답니다.

28-29쪽 정답이야.

Round 1 식물 · 31

속담 퀴즈 열쇠를 찾아봐. 속담이 보일 거야.

■는 익을수록 고개를 숙인다.

➡ 교양 있는 사람일수록 겸손하다.

될성부른 나무는 ■■부터 알아본다.

➡ 잘 될 것은 처음부터 그 낌새가 엿보인다.

백 일 붉은 꽃 없고 ■ ■ 좋은 사람 없다.

➡ 백 일 동안 피는 꽃이 없듯 사람의 행복도 영원하지 않다.

빨리 피는 ■이 빨리 진다.

➡ 쉽게 이룬 일은 오래 가지 못한다.

작은 ■■가 맵다.

➡ 몸집이 작은 사람이 큰 사람보다 재주가 많고 일을 잘 할 때 쓰는 말

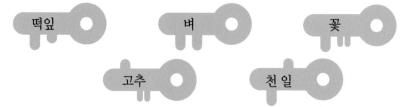

떡잎   벼   꽃

고추   천 일

또또 퀴즈

정답 79쪽

다음에서 이 책에 나오지 않는 토라 모습은 어느 것일까?

❶

❷

❸

❹

❺

과연~
만만치 않을걸?

🎯 1기쪽 정답 ❸

또또 퀴즈~ 정말 재미있다. 어디 어디 숨었을까?

Round 1 식물 · 33

계절 꽃

철쭉아, 언니라고 불러라.

흥. 조금 먼저 핀 걸 가지고. 웬 언니?

난 진달래야.

계절 열매

난 수박이야. 더운 여름에 먹지!

49 진달래와 철쭉은 모양이 비슷한 봄꽃이야. 둘 중 이른 봄에 먼저 꽃을 피우는 것은 어느 것일까?

① 진달래   ② 철쭉

50 사과는 가을에 열매를 맺어. 꽃은 언제 피울까?

① 봄   ② 여름
③ 가을

51 가을에 흔히 볼 수 있는 꽃을 모두 골라 봐. (답은 2개)

① 국화   ② 코스모스
③ 튤립

52 보리는 이른 봄에 열매를 맺어. 싹은 언제 튼 걸까?

① 지난 가을에
② 지난 겨울에

53 여름철 밭에서 자라는 열매를 모두 골라 봐. (답은 2개)

① 수박   ② 오이
③ 귤

54 우리 나라 가을 산에서 가장 흔한 열매는 뭘까?

① 도토리   ② 사과
③ 은행

낙엽과 단풍

우리가 우리한테 반할 지경이야.

우리 빨강 잎 예술이다.

소나무는 항상 초록인데 불쌍해.

공주병 단풍들, 가을이면 너무 시끄러워.

식물의 겨울나기

추워. 겨울엔 물까지 모자라니….

그래서 잎을 다 떨어 낸 거 아냐.

---

55 가을이 되면 나뭇잎들의 색이 변해. 왜 그럴까? (답은 2개)

① 가을볕에 타서 ② 힘이 없어서
③ 엽록소가 사라지고 숨어 있던
　색이 나와서

56 다음 중 나무와 단풍 색깔이 잘 연결된 것은 어느 것일까?

① 은행나무 – 보라
② 단풍나무 – 빨강
③ 플라타너스 – 자주

57 나무는 낙엽을 치우지 않기를 바래. 왜 그럴까?

① 낙엽이 썩어 거름이 되니까
② 낙엽이 덮고 있어 따뜻하니까
③ 곤충들이 낙엽에 사니까

58 겨울나무엔 잎이 안 달렸어. 왜 그럴까?

① 찬바람에 다 떨어져서
② 나무가 일부러 떨어뜨려서
③ 눈을 맞아서

59 민들레는 겨울이 와도 죽지 않아. 어떻게 살아남을까?

① 잎을 다 떨어뜨려서
② 땅에 납작 엎드려서
③ 땅 속으로 들어가서

60 추운 겨울에도 변함없이 푸른 잎을 달고 있는 나무를 모두 골라 봐.

(답은 2개)

① 소나무　　　② 벚나무
③ 사철나무

정답과 해설은 뒤쪽에 있어.

계절 꽃

계절 열매

정답 49. ① 50. ① 51. ①, ②

식물은 각자 알맞은 시기를 골라 꽃을 피워요.

개나리, 진달래, 목련은 이른 봄 잎이 나기 전에 꽃을 피워요. 곤충의 도움이 필요한 꽃이 여름에 많이 피고요. 과일나무들은 봄에 일찌감치 꽃을 피워 가을까지 열매를 크게 키워요. 국화, 과꽃, 코스모스는 선선한 가을에 피고요. 그리고 동백꽃, 매화, 수선화는 식물이 쉬는 추운 겨울에 피어요.

정답 52. ② 53. ①, ② 54. ①

식물마다 꽃이 피는 시기가 다른 것처럼 열매 맺는 시기도 제각각이에요.

보리는 한겨울 눈 밑에서 싹을 틔워 봄에 열매를 맺어요. 수박, 오이, 참외, 포도는 여름에 열리고, 사과, 배, 감, 밤은 가을에 열려요. 그 중 도토리를 우리 나라 산에서 가장 흔히 볼 수 있어요. 귤은 따뜻한 제주도에서 늦은 가을부터 겨울까지 열매가 맺혀요.

낙엽과 단풍

식물의 겨울나기

정답 55. ②, ③ 56. ② 57. ①

가을이 되면 나뭇잎에서 엽록소가 사라지면서 원래 나뭇잎에 숨어 있던 색깔이 드러나요. 그래서 은행잎은 노랑, 단풍잎은 빨강, 그리고 대부분의 나뭇잎은 갈색으로 변해요. 색깔이 변한 나뭇잎은 곧 떨어져 나무 밑에 수북이 쌓이고 썩어서 거름이 돼요. 나무는 아마도 이렇게 도움이 되는 낙엽을 치우지 않길 바랄 거예요.

정답 58. ② 59. ② 60. ①, ③

많은 나무가 날씨가 춥고 건조해지면 물을 많이 쓰는 잎을 떨어뜨려요. 되도록 힘을 아끼고 겨울잠을 자며 봄을 기다려요. 하지만 소나무, 잣나무, 사철나무 등은 푸른 잎을 그대로 단 채 겨울을 나기도 해요.
풀 중에도 겨울에 죽지 않고 살아남는 것들이 있어요. 냉이와 민들레, 달맞이꽃 같은 풀은 땅에 납작 엎드린 채 추위를 견뎌요.

34-35쪽 정답이야.

집중탐구 퀴즈

문제를 잘 읽고 맞는 것을 골라봐. 쉽지 않을걸!

먹는 식물 1(잡초)

난 얼굴이 예쁜 냉이꽃

영양가가 풍부하대.

먹는 식물 2(채소)

우리를 많이 먹어야 똥도 잘 싸지.

그럼, 피부도 좋아진다고!

61 다음 중 우리가 맛있게 먹는 봄나물은 어느 것일까?

① 콩나물　　② 냉이
③ 고사리

62 달래나 냉이 같은 봄나물은 어떻게 뜯는 게 좋을까?

① 뿌리까지 통째로 캐서
② 잎만 따서
③ 줄기만 끊어서

63 다음 중 뿌리를 씹으면 단맛이 나는 식물은 어느 것일까?

① 호박　　② 칡
③ 감자

64 산에선 산나물이 자라. 밭에서 뭐가 자랄까?

① 해초　　② 채소
③ 과일

65 넓은 잎은 쌈으로 먹고 열매는 요리를 하는 채소는 어느 것일까?

① 호박　　② 가지
③ 시금치

66 우리는 배추의 잎을 먹어. 당근은 뭘 먹을까?

① 잎　　② 열매
③ 뿌리

먹는 식물 3

봉지를 잘 쓰고 있어야지.

미스 포도 진의 영광을 과수원 아저 씨와 나누고 싶어요!

내 꿈은 미스월드 포도 진!

먹는 식물 4

신경쇠약, 고혈압, 심장병, 위암, 간암? 먹어만 보세!

우리가 바로 진시황이 먹던 불로초라고!

67 과수원 농부들은 열매를 예쁘게 키우 려고 해. 어떻게 할까?

① 과일 나무를 많이 심어.
② 가지를 쳐 내.
③ 과일에 봉지를 씌워.

68 마늘에서는 특유의 냄새가 나. 왜 그 럴까?

① 맛을 더 좋게 하려고
② 동물이 못 먹게 하려고
③ 동물의 관심을 끌려고

69 나는 익히면 맛이 좋지만 날것을 자를 땐 눈이 매워. 나는 누구일까?

① 양파   ② 미나리
③ 파

70 다음 중 사람이 먹을 수 있는 꽃은 어 느 것일까?

① 백일홍
② 나팔꽃
③ 진달래

71 다음 중 병을 치료할 때 쓰는 식물은 어느 것일까?

① 인삼   ② 고추
③ 복숭아

72 다음 중 죽은 식물에서 자라지만 맛과 영양이 좋은 식물은 어느 것일까?

① 쑥   ② 버섯
③ 이끼

정답과 해설은 뒷쪽에 있어.

집중탐구 퀴즈 정답 & 해설

먹는 식물 1(잡초)

정답 **61.② 62.① 63.②**

산과 들에 널려 있는 잡초 중에는 우리가 먹을 수 있는 게 많아요.
달래, 냉이, 씀바귀는 봄에 먹을 수 있는 들나물로, 영양가가 높고 맛이 좋은 뿌리를 캐서 먹어요. 콩나물은 일 년 내내 언제든지 콩에 물을 줘서 길러 먹을 수 있어요.
칡은 산에서 자라는 덩굴식물로 뿌리를 캐서 먹어요. 옛날 먹을 게 귀하던 시절에는 아이들이 칡뿌리를 사탕처럼 빨고 다녔다고 해요.

먹는 식물 2(채소)

정답 **64.② 65.① 66.③**

밥상에 자주 오르는 채소들은 원래는 산이나 들에서 저절로 나는 잡초들이었어요. 그러던 것을 오랜 세월 우리 입맛에 맞게 기른 거예요.

40

먹는 식물 3

먹는 식물 4

정답 67. ③ 68. ② 69. ①

농부들은 과일을 잘 키우려고 많은 노력을 해요. 꽃가루를 많이 옮겨서 열매가 많이 맺게 하고, 가지를 잘라 줘서 열매가 탐스럽게 해요. 또 열매에 봉지를 씌워서 병균과 벌레, 비바람을 막아 보기 좋은 열매로 키워요.

하지만 혼자서 자라는 식물도 나름대로 잘사는 방법이 있어요. 양파와 마늘이 지독한 냄새를 피워 동물이 못 먹게 하는 것처럼요.

정답 70. ③ 71. ① 72. ②

채소와 과일 외에 우리가 먹는 식물은 여러 가지가 있어요.

예쁜 진달래꽃으론 부침도 해 먹고 술도 담가 먹어요. 또 버섯은 영양가가 높아 즐겨 먹고요.

인삼이나 쑥 같은 식물은 직접 먹기도 하고 약으로 만들어 먹기도 해요. 그리고 오늘날 약국에서 파는 약도 대부분 식물로 만들어졌어요. 변비약을 장군풀로 만드는 것처럼요.

38-39쪽 정답 이야.

나무의 이용

난 고무나무야. 내 수액으로 고무를 만들지!

식물 보호

하나님, 다음 세상엔 착한 사람만 있는 곳에 살게 해 주세요.

흑흑, 난 사람이 제일 무서워.

73 나무가 쓰이는 곳을 모두 골라 봐.

(답은 2개)

① 집을 지을 때
② 가구를 만들 때
③ 자동차를 만들 때

74 다음 중 고무나무로 만든 것은 어느 것일까?

① 유리컵   ② 지우개
③ 비닐

75 나무가 죽어 오랫동안 땅 속에 묻혀 있으면 이것이 돼. 이것은 뭘까?

① 숯   ② 석탄
③ 석유

76 지구에서 식물들이 모두 사라지면, 동물들은 어떻게 될까?

① 식물을 먹는 동물들만 죽어.
② 모든 동물이 죽어.
③ 자기들끼리 잘 살아.

77 나무를 심고 잘 가꾸자는 뜻으로 만든 날은 언제일까?

① 3월 5일 식목일
② 4월 5일 식목일
③ 5월 5일 식목일

78 식물이 가장 무서워하는 건 뭘까?

① 겨울   ② 홍수
③ 사람

식물의 감정

아이고, 아파! 엉엉!

어느 초등 학교 애들이야?

숲

흥, 먼저 맡으면 임자지.

저리 안 가?

안 싸우는 날은 언제 올까?

---

79 나뭇가지를 자르고 꽃을 꺾었어. 식물은 아무것도 못 느낄까?

① 그럼, 못 느끼지.

② 아니, 느껴.

80 식물도 음악을 들려주면 좋아해. 음악은 어디로 들을까?

① 귀로

② 마음으로

③ 몸을 이루고 있는 세포로

81 다음 중 어떤 나무가 더 잘 자랄까?

① 정답게 말을 걸어 준 나무

② 모른 척 돌보지 않은 나무

82 나무가 우거진 숲 속과 운동장 중에서 어디서 달릴 때 숨이 덜 찰까?

① 숲 속

② 운동장

83 숲은 고요하고 평화로워 보여. 정말 그럴까?

① 그럼, 서로 질서를 지키니까.

② 아니, 서로 다투고 있으니까.

84 숲 속의 키 큰 나무들이 햇빛을 더 많이 받겠다고 다퉈. 어떤 나무가 가장 힘이 셀까?

① 소나무　　② 신갈나무

③ 밤나무

정답과 해설은 뒤쪽에 있어.

집중탐구 퀴즈 정답 & 해설

나무의 이용

식물 보호

정답 **73.**①, ② **74.**② **75.**②

나무는 우리 생활에서 쓰임새가 많아요. 집을 짓고 가구를 만들 뿐만 아니라 종이를 만들 때도 나무를 써요. 땔감으로 쓰기도 하고, 까맣게 태워서 숯으로 만들어 쓰기도 해요. 지우개를 만들 때도 나무가 필요해요. 지우개의 고무가 고무나무에서 나오는 끈끈한 물질이니까요. 죽은 나무가 오랫동안 땅 속에 묻혀 있다 만들어진 석탄은 연탄으로 만들어 쓰고요.

정답 **76.**② **77.**② **78.**③

식물은 물만 있으면 살 수 있어요. 하지만 동물은 식물을 먹거나 식물을 먹은 동물을 잡아먹어야 해요. 그래서 어느 날 식물이 사라진다면 동물도 살 수 없어요. 식물이 동물보다 더 강한 것이죠.
4월 5일 식목일은 이렇게 소중한 나무를 심고 잘 가꾸자는 뜻에서 만들었어요. 하지만 여전히 사람들은 세계 곳곳에서 나무를 마구 베며 큰 숲들을 파괴하고 있어요.

식물의 감정

숲

정답 79.② 80.③ 81.①

식물도 사람처럼 좋고 싫은 걸 느껴요. 그냥 키운 오이보다 음악을 들려준 오이가 더 크고 잘 자라요. 또 정답게 말을 걸며 정성껏 돌봐 준 나무가 더 잘 자라요.

식물은 이렇게 좋은 걸 느낄 뿐만 아니라 싫은 것도 느껴요. 사람들은 보통 아무 생각 없이 나뭇가지나 꽃을 꺾지만 식물은 무척 싫고 또 아파요. 앞으로 함부로 식물을 꺾어서는 안 되겠죠?

정답 82.① 83.② 84.②

우리에게 산소를 내뿜어 주는 숲은 언제나 고요하고 평화로워 보여요. 하지만 숲 속의 수많은 식물은 물과 햇빛을 더 많이 차지하겠다고 치열한 자리다툼을 벌이고 있어요. 우리나라의 산에서는 신갈나무가 가장 힘이 세요. 그래서 신갈나무의 넓은 잎이 햇빛을 가리면 주변의 소나무는 차츰 말라 죽게 된답니다.

42~43쪽 정답이야.

집중탐구 퀴즈

문제를 잘 읽고 맞는 것을 골라봐. 쉽지 않을걸!

딸기

엄마도 몰라 보니?

헉, 꽃도 우리처럼 빨간색 아니었어?

벼

설마 내가 나무에서 열린다고 생각하진 않지?

우리 쌀을 사랑합시다!

---

85 딸기는 씨앗이 없이 자손을 퍼뜨려. 어떻게 퍼뜨릴까?

① 줄기가 땅 위로 뻗어나가서
② 뿌리에 싹이 나서
③ 열매가 썩어서

86 딸기 열매는 빨간색이야. 꽃은 무슨 색일까?

① 노랑   ② 빨강
③ 하양

87 줄기로 자손을 퍼뜨리는 딸기도 씨가 있어. 어디에 있을까?

① 열매 속에
② 열매 겉에

88 벼에서 쌀이 열려. 벼는 어디에 심을 까?

① 논   ② 밭   ③ 산

89 벼는 씨를 바로 논에 심지 않고 먼저 싹을 틔운 다음 옮겨 심어. 왜 그럴 까?

① 쌀 모양을 예쁘게 하려고
② 쌀이 더 많이 열리게 하려고

90 가을이면 벼가 황금빛으로 익어. 이 벼는 언제 심은 걸까?

① 봄   ② 여름
③ 겨울

옥수수

암술 수염이라고 들어는 봤나?

내가 좀 롱다리 풀이야!

소나무

단풍나무는 가을에 빨간 옷 입는다고 자랑하더니….

쳇, 옷만 예쁘면 뭐해? 겨울에 살아남아야지.

91 옥수수는 키가 커. 그럼 풀일까, 나무일까?

① 풀이야.　　② 나무야.
③ 어릴 때는 풀이고 다 크면 나무야.

94 소나무는 늘 푸르러. 소나무도 꽃이 필까?

① 그럼, 피지.
② 아니, 피지 않아.

92 옥수수는 아래쪽 줄기 마디에서 이것을 내어 몸을 지탱해. 이것은 뭘까?

① 부착뿌리　　② 받침뿌리
③ 흡수뿌리

95 소나무는 암꽃과 수꽃이 따로 있어. 수꽃의 꽃가루는 어떻게 암꽃한테 갈까?

① 바람에 날려서
② 동물 몸에 붙어서

93 옥수수 열매엔 기다란 수염이 달렸어. 이 수염은 뭘까?

① 오래 살아서 생긴 수염
② 꽃의 암술
③ 꽃의 수술

96 겨울에도 소나무는 푸른 잎을 달고 있어. 잎이 하나도 떨어지지 않고 그대로 있는 걸까?

① 그럼, 푸른 잎 그대로야.
② 아니, 오래된 잎들은 떨어져.

정답과 해설은 뒤쪽에 있어.

딸기

벼

정답 **85.① 86.③ 87.②**

딸기는 씨앗이 아닌 줄기로 자손을 퍼뜨려요. 그래서 씨앗이 맺을 때까지 기다릴 필요가 없어요.

딸기 줄기는 땅 위를 기듯이 퍼지면서 군데군데 뿌리를 내려요. 이 뿌리가 달린 줄기를 잘라 주면 새로운 딸기가 돼요.

딸기는 꽃은 하얗고, 열매엔 작은 씨가 깨알같이 박혔어요. 하지만 우리가 먹는 딸기에서는 익은 씨를 보기가 어려워요.

정답 **88.① 89.② 90.①**

우리에게 쌀을 주는 벼는 논에서 키워요. 하지만 씨를 처음부터 논에 심지 않고, 따로 한 자리에 씨를 심어 싹을 틔운 다음 논에 옮겨 심어요. 열매를 많이 맺게 하려고 모내기를 해서 잘 자란 싹을 심는 거예요.

벼는 봄에 씨를 뿌리면 여름의 뜨거운 햇볕 아래 무럭무럭 자라요. 그러다 가을이 되면 열매를 한껏 매달고 황금빛으로 익어 가요.

옥수수

소나무

정답 91.① 92.② 93.②

옥수수는 키가 크지만 나무가 아니라 1년밖에 못 사는 한해살이풀이에요.

옥수수는 땅 속뿐만 아니라 땅 위에도 받침뿌리라는 뿌리가 있어요. 받침뿌리는 줄기가 약한 옥수수가 쓰러지지 않게 지탱해 줘요.

옥수수 열매엔 옥수수 꽃이 지고 남은 암술이 긴 수염처럼 달려 있어요.

정답 94.① 95.① 96.②

소나무는 자줏빛 암꽃과 노란 수꽃이 따로 피어요. 그래서 수꽃의 꽃가루는 바람을 타고 암꽃으로 가요. 암꽃이 지면 씨앗이 든 솔방울이 열려요.

씨앗엔 날개가 달려 있어서 바람을 타고 날아갈 수 있어요.

가을이 되면 소나무도 오래된 잎들을 골라 떨어뜨려요. 봄에 새로 난 잎들이 그대로 달려 있어서 겨울에도 푸르게 보일 뿐이에요.

46-47쪽 정답이야.

1 동물과 식물의 특징 비교
1학년

1. 동물과 식물은 모두 생물이다. (○ , ×)

2. 동물은 스스로 움직이며 새끼나 알을 낳는다. (○ , ×)

3. 스스로 움직일 수 없는 것은 모두 식물이다. (○ , ×)

4. 식물은 씨를 만들고 뿌리로 양분을 얻는다. (○ , ×)

2 봄에 피는 꽃
1학년

| 개나리 | 목련 | 벚꽃 | 진달래 | 민들레 |

1. 민들레 꽃은 흰색이다. (○ , ×)

2. 봄꽃은 모두 잎이 없다. (○ , ×)

3. 목련과 벚꽃은 모두 흰색이다. (○ , ×)

52쪽 정답 5 1. 떡잎 2. 나팔꽃 3. 고추 4. 강낭콩 5. 토마토

기대하시라!

3 집에서 기르는 식물

장미

나팔꽃

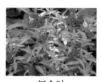
봉숭아

1. 장미와 나팔꽃은 나무이다. (○ , ×)

2. 나팔꽃은 덩굴로 감아 올라가며 자란다. (○ , ×)

3. 식물은 물과 햇빛, 거름이 있어야 잘 자란다. (○ , ×)

4. 식물이 잘 자라도록 매일 물을 많이 준다. (○ , ×)

4 가을의 산과 들

벼

단풍

감나무

코스모스

1. 귀뚜라미는 사계절 운다. (○ , ×)

2. 가을에 나뭇잎에 단풍이 든다. (○ , ×)

3. 코스모스와 국화 꽃은 가을에 볼 수 있다. (○ , ×)

53쪽 정답 ⑥ 1.○ 2.× 3.○ 4.○ ⑦ 1.○ 2.○ 3.○

교과서 도전 퀴즈

학교 시험에는 어떻게 나올까? 도전해봐!

정답 50쪽

5 식물의 잎과 줄기				4학년

다음은 식물을 관찰하여 기록한 표입니다.

식물	높이	꽃 피는 시기	꽃의 생김새	열매
강낭콩	40~50cm 정도	7~8월	나비 모양 흰색 또는 연한 분홍색	9월
봉숭아	40~60cm 정도	7~8월	고깔 모양의 꽃 붉은색, 분홍색, 흰색 등	8~9월
나팔꽃	길이 2~3m 정도	7~9월	꽃봉오리가 붓끝처럼 말려 있다가 깔때기 모양으로 핌. 붉은색, 흰색, 보라색 등	9~10월
토마토	1m 정도	5~8월	노란색 꽃이 마디에서 나옴	7~9월
고추	60~90cm 정도	6~8월	흰색 꽃이 잎겨드랑이에서 1송이씩 나옴	8~10월

1. 식물의 한살이는 씨앗 - (　　　) - 본잎 - 꽃 - 열매 - 씨앗의 순서이다.

2. 위 식물 중 가장 키가 큰 식물은 (　　　) 이다.

3. 잎겨드랑이에서 꽃이 나오는 식물은 (　　　) 이다.

4. 나비 모양의 꽃이 피는 식물은 (　　　) 이다.

5. 위 식물 중 꽃이 가장 먼저 피는 식물은 (　　　) 이다.

50쪽 정답 **1** 1.○ 2.○ 3.× 4.○ **2** 1.× 2.× 3.○

기대하시라!

6 식물의 씨앗 4학년

다음은 여러 가지 식물의 씨앗입니다.

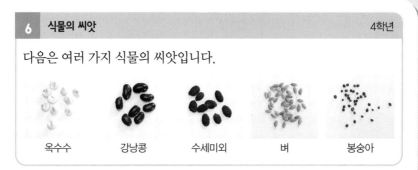

| 옥수수 | 강낭콩 | 수세미외 | 벼 | 봉숭아 |

1. 벼의 씨앗은 갈색이며 길쭉하다. (○ , ×)

2. 봉숭아 씨앗은 흰색이며 둥글다. (○ , ×)

3. 수세미외의 씨앗은 검고 두터우며, 크기는 다른 씨앗에 비해 중간크기이다.

(○ , ×)

4. 강낭콩의 씨앗은 검붉은색이며, 다른 씨앗에 비해 크다. (○ , ×)

7 강낭콩의 한살이 4학년

| 싹트기 | 꽃피기 | 열매 맺기 | 새로운 씨앗 |

1. 씨앗이 싹트려면 알맞은 온도와 물이 필요하다. (○ , ×)

2. 씨앗이 싹틀 때 어린뿌리가 가장 먼저 나온다. (○ , ×)

3. 강낭콩의 한살이 과정을 통해 새로운 씨앗이 많이 생긴다. (○ , ×)

2 Round 꽃과 나무

stage 1

- O× 퀴즈
- 있다없다 퀴즈
- 네모 퀴즈
- 사다리 퀴즈
- 왜?왜? 퀴즈

stage 2

- 집중탐구 퀴즈

꽃과 나무 · 꽃이란
꽃잎 · 꽃의 구분
꽃의 색 · 꽃의 수정
꽃의 수분법 · 꽃의 향기
꽃의 열매 · 계절과 꽃
시간과 꽃 · 꽃의 운동
바닷가의 꽃 · 재미있는 꽃
우리 꽃과 외국 꽃 · 꽃말

- 속담 퀴즈
- 또또 퀴즈

stage 3

집중탐구 퀴즈

나무의 번식 · 나무의 성장
나이테 · 나무의 노화
열대 지방의 나무 · 은행나무
아까시나무 · 신기한 나무
씨 퍼트리기 · 나무의 뿌리
겨울나기 · 환경과 꽃과 나무
꽃과 나무의 이용 · 꽃과 나무의 이름
생활 속 꽃과 나무 · 꽃과 나무의 기네스

stage 4

교과서 도전 퀴즈

1 소나무꽃은 꽃잎과 꽃받침이 모두 없다.

2 꽃은 잎이 변해서 생긴 것이다.

3 아까시나무의 가시는 턱잎이 변한 것이다.

4 잎이 뾰족한 나무를 침엽수라고 한다.

5 브로콜리는 잎이다.

6 나리꽃과 백합은 같은 꽃이다.

7 은행나무는 지구에서 가장 오래된 나무다.

8 나무의 나이테는 1년에 한 개씩 생긴다.

각 쪽을 잘 보고, 답을 맞춰봐. 누가 더 많이 맞췄을까……

56

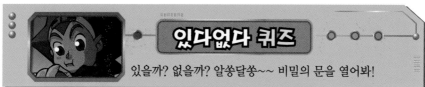

있다없다 퀴즈

있을까? 없을까? 알쏭달쏭~~ 비밀의 문을 열어봐!

정답 59쪽

1 개나리꽃이 처음 필 때 잎이 ~

있다   없다

2 개나리에는 소나무 처럼 굵은 줄기가 ~

있다   없다

3 옥수수 꽃은 향기가 ~

있다   없다

4 겨울에 피는 꽃이 ~

있다   없다

5 저녁에 피는 꽃이 ~

있다   없다

6 열대지방의 나무는 나이테가 ~

있다   없다

60-61쪽 정답 1② 2② 3① 4③ 5② 6① 7② 8③

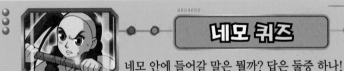
1 수분은 꽃가루가 █████로 옮겨지는 것이다. ····· 암술 〉 수술

2 잎자루는 잎몸과 █████를 이어준다. ··········· 줄기 〉 뿌리

3 꽃잎 아랫부분이 서로 붙어 있는 것을█████ ···· 통꽃 〉 갈래꽃
이라고 한다.

4 나무의 키가 커지는 것을 █████이라고 한다. ···· 성장 〉 생장

5 교목은 키가 크고 █████가 곧은 나무이다. ····· 줄기 〉 뿌리

6 잎이 항상 푸른 나무를 █████라고 한다. ···· 침엽수 〉 상록수

7 단풍나무의 씨는 █████(이)가 옮겨준다. ····· 바람 〉 새

8 뿌리의 종류에는 곧은 뿌리와 █████뿌리가 ···· 가는 〉 수염
있다.

56쪽 정답 **1** ○ **2** ○ **3** ○ **4** ○ **5** × **6** ○ **7** ○ **8** ○

58

1 1년에 한 번 옷을 갈아입는 것은?

2 발은 발인데 좋은 냄새가 나는 발은?

3 그림을 잘 그리는 꽃은?

4 뭐든 잡히는 대로 휘감는 손은?

5 개구리는 안 먹는데 자꾸 먹는다고 하는 것은?

6 어딜 가도 한 곳만 보는 것은?

7 봄이 되면 뜨는 눈은?

8 키만 크고 속이 없는 것은?

해바라기

붓꽃

겨울눈

개구리밥

꽃다발

덩굴손

대나무

나무

57쪽 정답 **1** 없다 **2** 없다 **3** 없다 **4** 있다 **5** 있다 **6** 없다

왜 한 번 쭉 자란 대나무는 다음 해에 더 이상 굵어지지 않는데 나무라고 할까?

① 잎이 많이 달려서
② 겨울에 땅 위 부분이 살아 있어서

왜 은행나무는 잎이 넓은데 침엽수라고 할까?

① 꽃가루가 암꽃에 있어서
② 밑씨가 겉에 드러나 있어서
③ 씨방이 겉에 드러나 있어서

왜 침엽수는 활엽수보다 추위를 더 잘 견딜까?

① 물과 열을 덜 뺏겨서
② 물을 스스로 만들어서
③ 열을 스스로 만들어서

왜 콜라나무라고 할까?

① 나무즙이 콜라 같아서
② 나무가 콜라병 모양이어서
③ 열매로 콜라를 만들어서

58쪽 정답 ❶ 암술 ❷ 줄기 ❸ 통꽃 ❹ 생장 ❺ 줄기 ❻ 상록수 ❼ 바람 ❽ 수염

왜 흑호두나무 주위에는 잡초가 잘 자라지 않을까?

① 넓은 잎이 햇빛을 막아서
② 흑호두나무에서 잡초를 못 자라게 하는 물질이 나와서

왜 소나무 줄기에서는 끈끈한 송진이 나올까?

① 상처를 치료하려고
② 벌레를 잡으려고

왜 남아메리카에서는 우유나무라 부르는 나무가 있을까?

① 짐소들이 많이 먹어서
② 나무즙이 우유 같아서

왜 높이 올라갈수록 큰 나무가 적어질까?

① 물이 적어져서
② 공기가 적어져서
③ 바람이 많고 세져서

집중탐구 퀴즈

문제를 잘 읽고 맞는 것을 골라봐. 쉽지 않을걸!

꽃과 나무

꽃으로 씨를 만드는 식물을 현화식물 이라고 해.

꽃이란

우린 잎이 변한 거야.

들었어? 처음엔 꽃잎이 없었대.

녹색 꽃? 안 예뻤겠다.

1 지구에는 약 35만 종의 식물이 살고 있어. 꽃이 피는 식물과 피지 않는 식물 중 누가 더 많을까?

① 꽃이 피는 식물
② 꽃이 피지 않는 식물

2 꽃은 풀에도 피고 나무에도 펴. 꽃은 왜 피는 걸까?

① 영양분을 만들기 위해서
② 씨를 만들기 위해서
③ 햇빛을 받기 위해서

3 나팔꽃도 소나무처럼 잎과 줄기, 뿌리가 있는데 나무가 아니야. 왜 그럴까?

① 줄기가 단단하지 않아서
② 잎이 많지 않아서
③ 꽃이 작아서

4 맨 처음 식물엔 꽃이 없었어. 꽃은 어떻게 생겨났을까?

① 가지가 변해서
② 잎이 변해서
③ 뿌리가 변해서

5 꽃은 잎보다 색깔이 화려하고 향기가 진해지며 만들어졌어. 왜 그랬을까?

① 영양분을 만들려고
② 물을 흡수하려고
③ 곤충을 유혹하려고

6 어떤 꽃이든 아름답게 피어났다가 이내 시들어 버려. 왜 그럴까?

① 씨를 만드는 일을 끝내서
② 영양분을 만드는 일을 끝내서
③ 비와 햇빛을 피하려고

꽃잎

저거 꽃 맞아?

꽃잎이랑 꽃받침이 없지만 우리도 꽃이야.

송화가 얼마나 예쁜지 모르는구나?

꽃의 구분

꽃잎이 통짜로 붙은 난 통꽃!

꽃잎이 따로따로 떨어진 난 갈래꽃!

---

7 꽃잎은 암술과 수술을 보호해. 그럼 꽃받침은 무슨 일을 할까?

① 꽃잎을 보호해.
② 줄기와 꽃을 연결해.
③ 꽃가루를 만들어.

8 암술의 밑씨는 암술대 아래 씨방에 들어 있어. 수술의 꽃가루는 어디에 들어 있을까?

① 수술대   ② 꽃밥
③ 꽃잎

9 소나무는 5월에 노란색 꽃이 피어. 그런데 왜 꽃처럼 보이지 않을까?

① 꽃받침이 꽃을 둘러싸서
② 꽃잎과 꽃받침이 없어서
③ 꽃이 너무 작아서

10 벚꽃처럼 암술과 수술이 꽃 하나에 함께 있는 꽃을 양성화라고 해. 그럼 단성화는 무엇일까?

① 암술도 수술도 없는 꽃
② 암술과 수술 중 하나만 있는 꽃

11 나팔꽃은 암술, 수술, 꽃잎, 꽃받침이 꽃 하나에 다 들어 있는 갖춘꽃이지만, 튤립은 이것이 없어서 안갖춘꽃이야. 무엇이 없을까?

① 암술   ② 수술   ③ 꽃받침

12 장미 꽃잎은 한 장 한 장 손으로 뗄 수 있지만 백합 꽃잎은 왜 뗄 수 없을까?

① 꽃잎에 질긴 비닐이 덮여서
② 꽃잎이 통으로 붙어 있어서
③ 꽃잎이 꽃턱과 붙어 있어서

정답과 해설은 뒤쪽에 있어.

집중탐구 퀴즈 정답 & 해설

꽃과 나무

식물이 모두 꽃을 피우는 건 아니네!

지구의 35만 종의 식물 중에 꽃을 피우는 식물은 26만 종이야!

모두 날 닮아서 아름답구나!

꽃이 피지 않는 식물
고사리
버섯   이끼

꽃이 피는 식물
나팔꽃
국화   장미

꽃이란

고사리 뒷면엔 오톨도톨한 주머니가 있어.

홀씨주머니? 그 주머니가 바로 홀씨주머니야. 홀씨가 터져 나와서 어린 고사리가 자라지!

꽃을 피우지 않아도 자손을 만들 수 있군!

정답 1.① 2.② 3.①

지구에는 약 35만 종의 식물이 있어요. 그 중 약 26만 종이 꽃이 피는 현화식물이에요. 현화식물은 꽃을 피워 씨(종자)를 만들고 자손을 퍼트리는 식물로, 꽃이 없는 민꽃식물보다 더 최근에 발달했어요. 현화식물엔 속씨식물과 겉씨식물이 있어요. 나무는 줄기와 가지가 단단한 식물로, 오랫동안 살며 키가 크고 굵어져요. 나팔꽃 같은 식물은 줄기가 가늘고 약해서 오래 살지 못하는 풀이에요.

정답 4.② 5.③ 6.①

맨 처음 식물에겐 꽃이 없어서 씨를 만드는 일을 잎이 했어요. 그러다 점차 어떤 잎은 영양분만, 어떤 잎은 씨만 만들게 되었어요. 이 씨를 만드는 잎이 발전해 꽃이 되었어요. 꽃은 잎보다 씨를 훨씬 잘 만들었어요. 꽃가루를 옮겨 줄 곤충은 화려한 색깔과 향기로 유혹했으니까요. 꽃은 수술의 꽃가루가 암술머리에 붙는 순간 시들기 시작해요. 곤충을 유혹하는 데 썼던 에너지를 이제 씨를 키우는 데 쓰기 위해서예요.

꽃잎

어라? 네 무궁화는 꽃잎이 겹겹이네?

겹꽃이니까! 네 무궁화는 꽃잎이 한 겹인 홑꽃이고!

산처녀 무궁화

아사녀 무궁화

같은 꽃이라도 꽃잎이 달린 모양은 제각각!

꽃의 구분

백합

양성화

해바라기

연갈춘꽃

소나무

은행나무

단성화

통꽃

갈래꽃

나팔꽃

유채꽃

정답 7. ① 8. ② 9. ②

꽃 속에는 암술과 수술이 들어 있어요. 암술은 암술대와 암술머리, 밑씨가 든 씨방으로, 수술은 수술대와 꽃가루가 든 꽃밥으로 이루어져요. 꽃잎은 암술과 수술을 보호하고, 꽃받침은 꽃잎을 받쳐 꽃을 보호해요. 꽃자루는 꽃이 달린 가지로, 꽃이 붙어 불룩한 끝부분은 꽃턱이에요. 그런데 꽃잎이나 꽃받침이 없는 꽃도 있어요. 동의나물은 꽃잎이 없고, 튤립은 꽃받침이 없고, 소나무 꽃은 꽃잎과 꽃받침이 모두 없어요.

정답 10. ② 11. ③ 12. ②

꽃은 양성화-단성화, 갖춘꽃- 안갖춘꽃, 통꽃-갈래꽃으로 나뉘어요.
벚꽃처럼 꽃 속에 암술과 수술이 함께 있으면 양성화, 수박꽃처럼 하나만 있으면 단성화예요.
나팔꽃처럼 꽃에 꽃잎, 꽃받침, 암술, 수술이 모두 있으면 갖춘꽃, 꽃받침이 없는 튤립처럼 이 중 한 개라도 없으면 안갖춘꽃이에요.
백합처럼 꽃잎 아랫부분이 서로 붙으면 통꽃, 장미처럼 꽃잎 아래가 갈라져 있으면 갈래꽃이에요.

62-63쪽 정답 이야.

꽃의 색

난 크산토필 색소가 있어서 노란색!

난 색소가 없어서 흰색!

난 카로티노이드 색소가 있어서 빨간색!

꽃의 수정

씨 만들어야 하는데 왜 꽃가루는 안 보이니?

걱정 마! 이 꽃밥 속에 있으니까!

13 장미꽃은 빨간색, 개나리꽃은 노란색이야. 왜 꽃마다 색깔이 다를까?

① 꽃잎의 두께가 달라서
② 꽃잎의 색소가 달라서
③ 꽃이 피는 온도가 달라서

14 빨간 꽃은 빨간 색소 때문에 빨갛고, 노란 꽃은 노란 색소 때문에 노래. 그럼 하얀 꽃은 왜 하얄까?

① 색소가 없어서
② 흰 색소가 들어 있어서

15 꽃 중에는 드물지만 잎과 같은 초록색의 꽃이 있어. 다음 중 초록색 꽃은 무엇일까?

① 고구마꽃　　② 보춘화
③ 완두꽃

16 꽃이 씨를 만들기 위해 먼저 수술의 이것을 암술머리로 옮겨. 무엇을 옮길까?

① 꽃가루　　② 꽃물
③ 꽃꿀

17 꽃가루에서 자란 꽃가루관이 암술대를 뚫고 내려가 밑씨와 만나서 씨로 되는 곳은 어디일까?

① 꽃자루　　② 꽃방
③ 씨방

18 수술의 꽃가루가 암술머리에 옮겨지는 걸 수분이라고 해. 그럼 옮겨진 꽃가루가 암술 속의 밑씨와 만나는 것은 뭐라고 할까?

① 결합　　② 수정　　③ 합방

꽃의 수분법

난 너무 예뻐!

곤충이 내 매력에 푹 빠질거야.

꽃의 향기

벌아! 내 냄새 좋지? 이리 오렴!

19 백합과 같이 꽃가루를 스스로 옮기지 않고 곤충이 옮겨 주는 꽃들은 곤충을 어떻게 불러 모을까? (답은 2개)

① 크고 넓적한 잎사귀

② 크고 화려한 꽃   ③ 진한 향

20 옥수수꽃은 혼자서 꽃가루를 옮기지 않으면서도 작고 수수해. 옥수수의 꽃가루는 누가 옮겨 줄까?

① 바람   ② 물   ③ 새

21 검정말은 물속에서 살아. 검정말의 꽃가루는 누가 옮겨 줄까?

① 물고기   ② 곤충

③ 물

22 크고 화려한 꽃잎보다 진한 향기가 곤충을 더 잘 불러모을 수 있어. 왜 그럴까?

① 색맹인 곤충이 많아서

② 멀리까지 퍼져 나가서

23 꽃의 향기는 계속 나지 않고 어느 순간 사라져. 언제까지 향기가 날까?

① 꽃가루가 만들어지기 전까지

② 수정이 되기 전까지

③ 해가 지기 전까지

24 라플레시아는 왜 썩은 냄새가 날까?

① 썩은 냄새를 좋아하는 파리를 유혹하려고

② 다른 식물이 옆에 살지 못하게 하려고

정답과 해설은 뒷쪽에 있어.

집중탐구 퀴즈 정답 & 해설

꽃의 색

꽃의 수정

정답 13. ② 14. ① 15. ②

꽃의 색깔은 꽃잎의 색소에 따라 달라져요. 장미처럼 빨간 종류의 꽃엔 카로티노이드류의 색소, 개나리처럼 노란 종류의 꽃엔 크산토필류의 색소, 수국처럼 보라나 파랑 종류의 꽃엔 안토시안류의 색소가 들어 있어요.

백합처럼 하얀 종류의 꽃엔 어떠한 종류의 색소도 없어요. 그래서 모든 색의 빛을 반사해 햇빛처럼 하얀 색을 띠어요. 보춘화는 초록색 엽록소 때문에 초록색이에요.

정답 16. ① 17. ③ 18. ②

꽃이 씨를 만들고 열매를 맺으려면 수분과 수정이 이루어져야 해요.

먼저 수술의 꽃가루가 암술머리에 붙는 '수분(꽃가루받이)' 이 이루어져요. 보통은 수술이 길게 자라 꽃가루를 옮기지만, 곤충이나 바람, 새, 물 등이 옮겨 주기도 해요.

수분이 되고 나면 꽃가루에서 꽃가루관이 자라요. 꽃가루관은 암술대를 뚫고 내려가 씨방 속의 밑씨와 만나는 '수정'을 해요. 수정이 된 밑씨는 씨방에서 씨로 자라게 돼요.

68

꽃의 수분법

꽃의 향기

정답 **19.** ②, ③ **20.** ① **21.** ③

꽃 중에는 나팔꽃처럼 수술이 자라 스스로 수분하는 것도 있고, 환경을 이용해 수분하는 것도 있어요.

장미나 백합 같은 꽃은 화려한 색과 향으로 곤충을 유혹해요. 그러면 곤충이 꽃 속을 움직여 꽃가루를 몸에 묻혀 암술머리로 옮겨 줘요.

소나무꽃이나 옥수수꽃은 바람이 꽃가루를 옮겨 줘요. 꽃은 곤충을 유혹할 필요가 없어 작고 수수해요. 물에 사는 검정말은 물에 꽃가루를 흘려보내서 수분을 해요.

정답 **22.** ② **23.** ② **24.** ①

꽃은 냄새로 곤충을 유혹해요. 꽃의 색깔은 멀리서는 볼 수 없지만, 냄새는 맡을 수 있어서 곤충들이 더 잘 찾아 와요. 꽃이 수정되면, 할 일을 마친 냄새는 사라져요. 수정이 되지 않은 꽃은 계속 냄새를 피워요.

꽃은 나비나 벌을 유혹하려면 향기를, 라플레시아처럼 파리를 유혹하려면 악취를 풍겨요. 하지만 옥수수나 검정말의 꽃은 특별히 냄새를 피우지 않아요. 곤충이 아닌 바람이나 물로 수분을 하기 때문이에요.

66-67쪽 정답이야.

꽃과 열매

> 꽃턱아, 꽃턱아! 사과로 변해라, 얍!

> 아직 수정 안 됐거든?

계절과 꽃

> 에이취! 아직 추운 겨울이야. 벌써 꽃을 피우면 어떡해?

> 난 원래 추운 겨울에 피는 수선화야.

25 꽃잎이 시들면 열매가 맺혀. 왜 열매가 맺힐까?

① 열매 속 씨를 퍼트리려고
② 영양분을 저장하려고
③ 수분을 저장하려고

26 호박은 암꽃과 수꽃이 따로 펴. 그럼 열매는 어디에 맺힐까?

① 암술이 있는 암꽃
② 꽃가루가 있는 수꽃
③ 암꽃과 수꽃 모두

27 감은 꽃의 씨방이 자라서 생긴 열매야. 그럼 사과는 꽃의 무엇이 자라서 생긴 열매일까?

① 꽃잎   ② 꽃턱
③ 꽃가루

28 왜 계절마다 다른 꽃이 필까?

(답은 2개)

① 필요한 햇빛의 양이 달라서
② 필요한 온도가 달라서
③ 필요한 물의 양이 달라서

29 대부분의 꽃과 달리 춥고 빛의 양이 적은 겨울에 피는 꽃도 있어. 다음 중 누구일까?

① 달맞이꽃   ② 수선화
③ 장미

30 사계절 중 여름에 꽃이 가장 많이 피어. 왜 그럴까?

① 곤충이 활발하게 움직여서
② 햇빛이 강해서
③ 비가 많이 와서

시간과 꽃

민들레는 부지런한거냐.

꽃의 운동

놀라기는! 꽃 피우기에 온도가 딱이잖아.

31 민들레꽃은 아침에 피고, 달맞이꽃은 저녁에 펴. 왜 피는 시간이 다를까?

① 필요한 빛의 양이 달라서

② 수분을 돕는 곤충이 달라서

③ 필요한 산소의 양이 달라서

32 낮에 피는 민들레는 나비가 꽃가루를 옮겨 줘. 그럼 밤에 피는 달맞이꽃은 누가 꽃가루를 옮겨 줄까?

① 밤에 부는 바람

② 밤에 활동하는 나방

33 꽃들이 하루 중 일정한 시간에 피고 지는 건 몸 속에 이것이 있기 때문이야. 이것은 뭘까?

① 꽃시계   ② 생물시계

③ 하루시계

34 꽃잎은 안쪽 아래의 세포 속에 이것의 양이 늘었다 줄었다 하면서 펴졌다 오 므라졌다 해. 무엇의 양이 늘었다 줄 었다 할까?

① 햇빛   ② 수분   ③ 공기

35 튤립은 보통 낮에 피는데 밤에도 필 때가 있어. 왜 그럴까?

① 달빛이 아주 밝아서

② 온도가 적당해서

③ 바람이 안 불어서

36 민들레꽃은 보통 아침에 피는데, 낮이 되도록 피지 않을 때가 있어. 왜 일까?

① 바람이 너무 강해서

② 햇빛이 너무 약해서

③ 온도가 너무 낮아서

정답과 해설은 뒤쪽에 있어.

집중탐구 퀴즈 정답 & 해설

꽃과 열매

계절과 꽃

정답 25. ① 26. ① 27. ②

식물은 자유롭게 움직일 수 없어서 도움을 받아 씨를 멀리 퍼트려요. 열매도 씨를 퍼트리는 방법이에요. 동물이 열매를 먹고 돌아다니다 똥을 싸면, 똥 속에 소화가 안 된 채 들어 있던 씨가 그 곳에서 자라게 돼요.

수정이 끝나 꽃이 시들면, 꽃의 밑부분에 열매가 맺혀요. 암꽃과 수꽃이 따로라면 암꽃에 열매가 맺혀요. 감이나 포도는 씨방이 자란 참열매예요. 사과나 배는 꽃턱이, 석류는 꽃받침이 자란 헛열매예요.

정답 28. ①, ② 29. ② 30. ①

꽃마다 필요한 빛의 양과 온도가 달라서 피는 계절이 달라요.

날씨가 따뜻한 봄에는 개나리, 목련, 팬지 등이 피고, 무덥고 햇빛이 강한 여름에는 해바라기, 나팔꽃 등이 피어요. 특히 여름엔 곤충의 활동이 활발해서 다른 계절에 비해 꽃이 많이 피어요. 쌀쌀해지는 가을엔 국화, 과꽃, 코스모스 등의 꽃이 펴요. 추운 겨울엔 거의 꽃이 피지 않지만, 동백꽃, 수선화, 복수초 등 몇몇 꽃이 피기도 해요.

시간과 꽃

꽃의 운동

정답 **31.** ① **32.** ② **33.** ②

꽃마다 빛의 세기와 양이 알맞은 때를 골라 피어 활동하고 쉬어요. 그래서 나팔꽃은 새벽에, 민들레와 제비꽃은 오전에, 채송화와 도라지꽃은 낮에, 달맞이꽃과 월하미인은 저녁에 피어요.

이렇게 생물은 때를 맞춰 일정한 리듬으로 움직이고 쉬는 등 여러 가지 활동을 해요. 과학자들에 따르면, 이것은 생물의 몸 속에 눈에 보이는 않지만 때를 감지하는 '생물시계'가 있기 때문이에요.

정답 **34.** ② **35.** ② **36.** ②

식물의 몸에 수분이 많으면 꽃잎 아랫부분의 안쪽 세포에도 물이 가득 차요. 그럼 꽃잎이 팽팽해지며 펴지게 돼요. 반대로 수분이 적으면 꽃잎이 납작해지며 오므라들게 돼요. 하지만 꽃이 피기 위해선 수분의 양과 함께 빛의 양이나 온도도 알맞아야 해요. 그래서 민들레는 아침에 피는 꽃인데도 구름이 껴서 빛이 약하면 꽃을 피우지 않아요. 또 튤립은 원래 낮에 피는 꽃이지만 밤에 온도가 20~25℃ 정도면 꽃을 피워요.

70-기쪽 정답이야.

집중탐구 퀴즈

문제를 잘 읽고 맞는 것을 골라봐. 쉽지 않을걸!

바닷가의 꽃

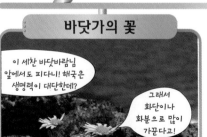

이 세찬 바닷바람님 앞에서도 피다니! 해국은 생명력이 대단한데?

그래서 화단이나 화분으로 많이 가꾼다고!

재미있는 꽃

무화과는 꽃이 안 피고 열매를 맺어?

당연히 피지. 꽃받침에 둘러싸여서 안 보일 뿐이지.

---

37 갯벌에 사는 퉁퉁마디는 마디마다 꽃이 피지만 꽃이 피었는지 왜 모를까?

① 꽃이 작고 초록색이어서
② 꽃받침이 꽃을 감싸서
③ 꽃잎이 없어서

38 가을 야생화 중 가장 늦게까지 꽃을 피우고 바닷가 바위 틈에서 7월에서 11월까지 꽃을 피우는 식물은?

① 해당화　　② 해국
③ 갯까치수영

39 물속에 사는 나사말의 수꽃은 물속에, 암꽃은 물 위에 펴. 그럼 꽃가루는 어떻게 옮길까?

① 꽃가루가 물 위로 떠올라서
② 수꽃이 떨어져 물위로 떠올라서

40 무화과나무는 꽃이 피지 않고 열매를 맺는 나무라는 뜻이야. 왜 꽃이 피지 않는다고 생각했을까?

① 꽃이 너무 작아 안 보여서
② 꽃받침이 꽃잎을 감싸서

41 우리는 아직 꽃이 피지 않은 브로콜리의 꽃눈으로 요리를 해. 브로콜리에서 꽃이 핀다면 어떤 색일까?

① 녹색　　② 노란색
③ 빨간색

42 부들의 암꽃은 줄기 중간에 줄기를 감싸며 모여서 펴. 암꽃은 무엇처럼 보일까?

① 별　　② 소시지
③ 반지

우리 꽃과 외국 꽃

무슨 난이 저래? 난 크고 화려한 서양란이 좋아.

네가 아직 동양란의 진한 향기를 못 맡아 봤구나?

꽃말

해바라기는 만날 해를 향해 있네?

그래서 꽃말이 그리움이잖아.

해님, 제 사랑을 받아 줘요.

43 난초는 동양란과 서양란으로 나눌 수 있어. 동양란과 서양란은 어떻게 구분할까?

① 꽃이 화려하면 동양란이야.

② 향기가 진하면 동양란이야.

44 서양민들레는 꽃받침 아래 총포 조각이 아래로 젖혀져 있어. 우리 나라 토종 민들레의 총포 조각은 어떨까?

① 위로 펴졌어.

② 아래로 말렸어.

45 꽃이 크고 향이 진한 백합은 우리 나라의 이 꽃을 서양인들이 가져가 만든 꽃이야. 이 꽃은 뭘까?

① 개꽃   ② 나리꽃

③ 할미꽃

46 나팔꽃은 아침에 피었다 저녁에 진다고 꽃말이 '덧없는 사랑'이야. 항상 해를 향한 해바라기의 꽃말은 뭘까?

① 그리움   ② 순수함

③ 추억

47 빨간 장미의 꽃말은 열정, 하얀 장미의 꽃말은 순결이야. 그럼 노란 장미의 꽃말은 뭘까?

① 감명   ② 질투   ③ 존경

48 이 꽃은 더러운 물에 살지만 꽃잎엔 더러운 것이 묻지 않아서 불교를 상징해. 이 꽃은 뭘까?

① 연꽃   ② 매화   ③ 수국

정답과 해설은 뒤쪽에 있어.

집중탐구 퀴즈 정답 & 해설

바닷가의 꽃

이게 물 위에 꽃을 피운다는 나사말인가 봐!

나사말은 연못이나 물이 느리게 흐르는 강에서 자란대!

그럼

꽃이 지면 줄기가 꼬이면서 물 속으로 들어간다고!

재미있는 꽃

브로콜리는 위장병에 좋고, 피부가 늙는 걸 막는대!

그런데 브로콜리가 꽃눈이란 사실은 알고 있냐?

온 천

토라한텐 뭐든 상관 없어.

정답 **37.① 38.② 39.②**

퉁퉁마디는 우리 나라의 서해안과 울릉도 바닷가 갯벌에 살아요. 위쪽의 오목한 부분에 초록색 꽃이 피어요.

해국은 국화과 식물 중에서 꽃이 가장 오래 피는 식물로, 가을 야생화 중에서 가장 늦게까지 꽃을 볼 수 있어요. 해국은 생명력이 강할 뿐더러 꽃이 예쁘고 오래 피어서 화단이나 화분에 많이 심어요.

나사말은 연못이나 강가의 물속에 살아요. 수분을 할 땐 물속 수꽃이 떨어져 물 위로 올라와요.

정답 **40.② 41.② 42.②**

우리 주변엔 꽃처럼 보이지 않는 재미있는 꽃이 많아요.

무화과나무는 주머니 모양으로 커진 꽃받침 속에서 수많은 작은 꽃이 피어요. 겉으로는 꽃이 피고 수정이 되는 걸 전혀 볼 수 없어요.

브로콜리는 수많은 녹색 꽃눈이 뭉쳐 있어요. 그래서 잎이라고 생각하기 쉽지만, 꽃눈이 자라면 노란색 꽃이 피어요.

부들은 암꽃이 줄기 중간에 모여 피는데, 모양이 두툼한 소시지 같아요.

우리 꽃과 외국 꽃

한란은 꼭 춥고 높은 데서만 피어? 성격 참 별나.

최고의 동양란을 보려면 이 정도 고생쯤이야…!

오, 이 맑고 은은한 향!

꽃말

1400년대 영국에서 빨간 장미의 랭카스터 가문과 하얀 장미의 요크 가문 사이에서 벌어진 장미 전쟁 후, 장미는 영국의 국화가 되었어.

결국은 가운데 부분이 하얀색인 붉은 장미가 국화가 되었어.

또 잘난 척 이군!

정답 43. ② 44. ① 45. ②

외국에서 들어온 꽃은 같은 종류라도 우리 나라에서 자란 꽃과 생김새가 달라요. 예를 들어 동양란은 향이 진하지만, 서양란은 향이 거의 없고 꽃이 크고 화려해요. 또 우리 나라의 토종 민들레는 총포 조각이 위로 펴져 있지만, 서양 민들레는 아래로 젖혀져 있어요.

우리 꽃이 외국에 나가 달라진 경우도 있어요. 예를 들어 백합은 우리의 나리꽃을 서양에서 좀 더 크고 향이 진하게 만든 꽃이에요.

정답 46. ① 47. ② 48. ①

꽃의 특징으로 꽃말을 만들기도 해요. 나팔꽃은 아침에 피었다 저녁에 져서 덧없는 사랑, 해바라기는 항상 해를 향해서 그리움이요. 장미는 색깔마다 빨간 장미는 열정, 노란 장미는 질투, 하얀 장미는 순결, 분홍 장미는 행복한 사랑이에요.

꽃이 종교를 상징하기도 해요. 연꽃은 더러운 물에 살지만, 꽃에는 더러운 것을 묻히지 않는 모습이 마치 세상의 때를 묻히지 않은 부처의 마음과 닮았다 해서 불교를 상징해요.

74-75쪽 정답이야.

열쇠를 찾아봐. 속담이 보일 거야.

꽃이 좋아야 ■■가 모인다.

➡ 가지고 있는 성품이 좋아야 친구나 손님이 많다.

■■없는 나무가 없다.

➡ 무엇이나 그 근본이 있다는 말. 원인이 없이 결과만 있을 수 없다.

■■ 위의 꽃

➡ 금상첨화(錦上添花). 좋은 일에 더 좋은 일이 겹친다.

열 번 찍어 안 넘어 가는 ■■ 없다.

➡ 여러 번 계속 애쓰면 기어이 뜻대로 할 수 있다.

죽은 나무에 ■이 핀다.

➡ 보잘 것 없던 집안에서 부귀영화를 누린다.

꽃

나무

비단

뿌리

나비

쉬어가기

또또 퀴즈

정답 125쪽

(가)

찡~

(나) 그림은 (가) 그림을 거울에비춘 그림이야.
틀린 곳 세 군데를 찾아봐.

(나)

찡~

과연~
만만치 않을걸?

33쪽 정답 ❸

또또 퀴즈~ 정말 재미있다. 어디 어디 숨었을까?

나무의 번식

들었어? 다른 나무도 우리처럼 꽃이 핀대.

나무는 씨로 번식을 하거든.

씨는 꽃이 만들고.

나무의 성장

부피 생장을 하니까.

길이 생장을 하니까.

나무야, 키가 왜 그렇게 커?

대체 우린 뭘 했지?

굵기는 왜 그렇게 굵고?

49 식물 중에는 꽃이 피는 식물도 있고 피지 않는 식물도 있어. 그럼 나무 중에도 꽃이 피지 않는 나무가 있을까?

① 그럼, 있지.

② 아니, 없어.

50 다음 중 소나무와 달리 암꽃과 수꽃이 서로 다른 나무에 피는 나무는 무엇일까? (답은 2개)

① 은행나무　　② 밤나무

③ 플라타너스

51 개나리는 꽃을 피워 씨를 만들지 않아도, 이 부분을 땅에 심으면 새 나무를 얻을 수 있어. 어느 부분을 심을까?

① 가지　　② 잎　　③ 꽃

52 나무의 키가 커지는 걸 길이 생장이라고 해. 그럼 나무의 굵기가 굵어지는 건 뭐라고 할까?

① 부피 생장　　② 너비 생장

③ 굵기 생장

53 나무의 길이 생장은 생장점에서 일어나. 나무의 생장점은 어디에 있을까?

① 뿌리와 줄기의 맨 위

② 뿌리와 줄기의 마디

③ 뿌리와 줄기의 끝

54 나무의 부피 생장은 줄기 속의 이 곳에서 일어나. 이 곳은 어디일까?

① 목질부　　② 체관

③ 형성층

나이테

우린 동그란 무늬 없는데. 부럽다!

나이테가 뭐가 부러워. 나이 먹었다는 표시인데.

나무의 노화

여름에도 푸르고 겨울에도 푸르러♬

1년 365일 언제나 푸른 우린 상록수 입니다!

55 나무의 나이는 줄기를 자르면 보이는 둥그런 나이테로 알 수 있어. 왜 그럴까?

① 나이테가 1년에 한 개씩 늘어서
② 나이테가 1년에 한 개씩 줄어서

56 나이테는 왜 생기는 걸까?

① 계절에 따라 부피 생장 속도가 달라서
② 계절에 따라 길이 생장 속도가 달라서

57 나이테는 나무에만 있고 풀에는 없어. 왜 그럴까?

① 풀은 키가 작아서
② 풀은 줄기가 가늘어서
③ 풀은 1년만 부피 생장을 해서

58 초록색이던 나뭇잎이 가을이 되면 빨 갛고 노랗게 변해. 왜 그럴까?

① 엽록소의 색이 변해서
② 엽록소가 사라져서
③ 다른 색소가 생겨서

59 단풍나무처럼 가을에 나뭇잎이 떨어 지는 나무를 낙엽수라고 해. 소나무처 럼 항상 푸른 나무를 뭐라고 할까?

① 초록수　　② 푸른수
③ 상록수

60 소나무는 추운 겨울에도 푸른 잎을 달 고 있어. 소나무는 한 번 난 잎을 떨어 뜨리지 않고 평생 달고 있는 걸까?

① 그럼, 평생 달고 있지.
② 아니, 수명이 다하면 떨어져

정답과 해설은 뒤쪽에 있어.

Round 2 꽃과 나무 · 81

집중탐구 퀴즈 정답 & 해설

나무의 번식

나무의 성장

정답 49.② 50.①, ③ 51.①

나무는 현화식물에 속해요. 꽃을 피워 수술의 꽃가루가 암술머리에 붙어 수분을 하고, 밑씨와 만나 수정을 해서 씨를 만든답니다.

나무 중엔 은행나무나 플라타너스처럼 암꽃이 피는 암나무와 수꽃이 피는 수나무가 따로인 나무가 있어요. 씨와 열매는 암나무에 열려요.

나무는 꺾꽂이, 잎꽂이, 접붙이기, 휘묻이 등의 방법으로 씨를 심지 않고 새 나무를 얻기도 해요. 개나리는 꺾꽂이, 휘묻이로 새 나무를 얻어요.

정답 52.① 53.③ 54.③

나무는 사는 동안 키가 커지는 길이 생장과 굵기가 굵어지는 부피 생장을 해요. 키는 줄기와 뿌리 끝의 생장점에서 세포분열이 일어나며 줄기는 위로 길어지고, 뿌리는 아래로 길어지면서 자라요. 굵기는 줄기와 뿌리 속의 형성층에서 세포분열이 일어나며 굵어져요.

형성층은 겉씨식물과 쌍떡잎식물에만 있고, 보리나 옥수수 같은 외떡잎식물엔 없어요. 그래서 외떡잎식물의 줄기는 쉽게 굵어지지 않아요.

나이테

나무의 노화

정답 55.① 56.① 57.③

나무의 나이는 나무가 굵어지며 생기는 나이테로 세요. 나이테는 1년에 한 개씩, 계절에 따라 부피 생장의 속도가 달라서 생겨요. 봄과 여름엔 형성층의 세포 분열이 활발하고 물이 많아서 목질부가 연하면서 넓어요. 반대로 가을과 겨울엔 세포 분열이 적어서 목질부가 단단하면서 좁아요. 목질부가 이런 식으로 1년마다 넓어지며 나이테가 생겨요. 풀은 나이테가 없어요. 형성층이 없어 1년밖에 못 자라기 때문이에요.

정답 58.② 59.③ 60.②

가을이 되면 나뭇잎에 단풍이 들어요. 추위에 약한 엽록소가 사라지고, 잎에 있던 노랗고 빨간 색소들이 색을 드러내기 때문이에요. 단풍이 든 나뭇잎은 시간이 되면 곧 떨어지는데, 이런 나무를 낙엽수라고 해요.

소나무, 향나무, 사철나무 등의 잎은 가을에도 단풍이 들지 않고 초록색 그대로고, 겨울에도 떨어지지 않아요. 이런 나무를 상록수라고 해요. 상록수의 잎은 2~3년의 수명이 다하면 떨어지고 새잎이 나요.

80-81쪽 정답이야.

집중탐구 퀴즈

문제를 잘 읽고 맞는 것을 골라봐. 쉽지 않을걸!

열대 지방의 나무

넌 왜 나이테 없어?

계절이 바뀌어야 나이테가 생기지.

열대 지방은 1년 내내 여름이잖아.

은행나무

난 수나무야. 열매는 암나무에서만 열려.

61 열대 지방의 나무는 대부분 잎이 아주 넓어. 왜 그럴까?

① 곤충을 유혹하려고
② 물을 많이 저장하려고
③ 햇빛을 많이 받으려고

62 열대 지방의 나무는 나이테가 없어. 왜 그럴까?

① 한 해만 살고 죽어서
② 계절 변화가 없어서
③ 햇빛이 너무 강해서

63 야자나무의 열매는 바닷물 위에 둥둥 떠 있어. 왜 그럴까?

① 씨를 멀리 퍼뜨리려고
② 물을 흡수하려고
③ 싹을 틔우려고

64 은행나무는 지구에서 가장 오래 된 나무야. 어떻게 오래 살 수 있었을까?

① 씨가 아주 커서
② 줄기가 굵어서
③ 병충해에 강해서

65 은행나무는 나무 중에서 종류가 가장 적은 나무야. 은행나무는 몇 종류나 될까?

① 1종류　　　② 2종류
③ 10종류

66 은행나무는 암나무와 수나무의 꽃 색깔이 달라. 암나무의 암꽃은 어떤 색일까?

① 빨간색　　　② 보라색
③ 녹색

84

아까시나무

주렁주렁 꽃송이마다 가득한 꿀 드세요!

쩝쩝! 꿀은 너무 맛있다!

완전 천연 꿀 단지네?

신기한 나무

흙도 부실하고 뿌리도 부실하고.

난 반얀나무야. 뿌리가 부실해.

그러니까 우리 줄기가 먼저 뻗잖아.

---

67 몇 십 년 전까지만 해도 우리 나라는 아까시나무를 많이 심었어. 왜일까?

① 생명력이 강해서
② 꽃이 아름다워서
③ 열매가 많이 열려서

68 아까시나무는 벌을 키워 꿀을 얻는 사람들에게 매우 중요해. 왜 그럴까?

① 벌이 집을 짓는 나무라서
② 꽃에 꿀이 많은 나무라서

69 아까시나무는 가시가 있어서 붙은 이름이야. 가시는 무엇이 변한 것일까?

① 줄기   ② 잎사귀
③ 턱잎

70 열대 지방 바닷가에 사는 맹그로브는 왜 '새끼 낳는 나무'라고 부를까?

① 잎이 씨를 따뜻하게 품어서
② 나무에서 싹이 터 자란 후 떨어져서

71 반얀나무는 가지를 옆으로 뻗은 후 가지에서 뿌리를 내려. 왜 그럴까?

① 줄기가 약해서
② 가지가 약해서
③ 뿌리가 약해서

72 용혈수는 '용의 피가 나오는 나무'라는 뜻이야. 왜 그렇게 부를까?

① 꽃이 용 모양을 닮아서
② 피 같은 즙이 나와서
③ 나뭇잎이 피처럼 붉어서

정답과 해설은 뒤쪽에 있어.

집중탐구 퀴즈 정답 & 해설

열대지방의 나무

은행나무

정답 **61. ③ 62. ② 63. ①**

열대 지방은 1년 내내 덥고 비가 많아요. 그래서 나무의 수가 많고, 크고 굵게 자라 울창한 숲을 이뤄요. 울창한 숲의 나무들은 햇빛을 조금이라도 더 받기 위해 잎이 커졌어요. 열대 지방은 계절의 변화 없이 1년 내내 여름이에요. 그래서 나무들은 1년 내내 같은 속도로 자라서 나이테가 생기지 않아요.
야자나무는 진한 향기와 맛 좋은 열매로 동물을 유혹하는 대신 해안가 바닷물 위에 열매를 띄워 퍼트려요.

정답 **64. ③ 65. ① 66. ③**

은행나무는 '살아 있는 화석'으로 불리는, 지구에서 가장 오래된 나무예요. 병충해에 잘 안 걸리고, 건려도 자라거나 번식하는 데 큰 지장이 없어요. 그리고 은행나무는 특이하게도 딱 한 종류밖에 없어요.
은행나무는 암나무와 수나무가 따로 있어요. 연한 황록색 꽃이 피면 수나무, 녹색 꽃이 피면 암나무예요.
은행나무는 오래 살면서도 병충해에 강할 뿐만 아니라 크고 아름다워서 예부터 가로수로 많이 심었어요.

아까시나무

아까시나무 덕에 올해도 꿀 풍년이야!

다른 나무가 자랄 영양분도 빼앗아 먹고는 너무 빨리 자라서 얄밉지만, 우리 양봉업자에겐 생명수나 다름없지!

신기한 나무

바다 속에 나무가 있다니, 놀랍다!

나무에서 싹을 틔워 얼마쯤 키워서 물에 떨어뜨린대.

맹그로브 숲이 쓰나미를 막는 천연방어벽 이란 사실은 알아?

정답 67.① 68.② 69.③

한때 우리 나라는 생명력이 강한 아까시나무를 산을 푸르게 하고 연료로 쓰기 위해 많이 심었어요. 그러다 아무 데서나 자라고 다른 나무는 못 자라게 하여 뽑기도 했어요.
하지만 아까시나무는 쓸모가 많은 나무로, 특히 벌을 키우는 사람들에게 생명수와 같아요. 포도송이처럼 달린 꽃송이에 꿀이 가득해서 벌이 많이 모이기 때문이에요.
아까시나무는 씹으면 쓴맛이 나는 잎과 가시가 달린 줄기로 몸을 보호해요.

정답 70.② 71.③ 72.②

맹그로브나무는 바닷물이 드나드는 곳에 살아요. 그래서 어떤 종류의 맹그로브는 씨가 바닷물에 휩쓸리지 않게 나무에서 싹을 틔워 50~60센티미터 자라면 바다에 띄워요.
반얀나무는 뿌리가 약해요. 그래서 쓰러지지 않으려고 먼저 가지를 옆으로 뻗어 내린 후 뿌리를 내려요. 반얀나무 한 그루가 이런 식으로 가지와 뿌리를 뻗어 숲을 이루어요.
용혈수는 줄기를 자르면 피 같은 끈끈한 즙이 나와요.

84-85쪽 정답이야.

집중탐구 퀴즈

문제를 잘 읽고 맞는 것을 골라봐. 쉽지 않을걸!

씨 퍼트리기

어때? 내 날개 모양 괜찮아?

단풍나무씨는 날개가 있네.

어, 바람만 좋으면 아주 멀리까지 가겠어.

나무의 뿌리

낙우송은 물기를 좋아해!

땅 속은 물이 차서 숨 쉬기가 안 좋아

그러니까 어서 뿌리를 올려!

73 동물이 열매를 먹으면 씨가 퍼져. 어떻게 씨가 퍼지는 걸까?

① 씨가 똥으로 나와서
② 씨가 동물의 몸에 있다 죽으면 그 자리에 싹을 틔워서

74 단풍나무의 씨는 바람을 타고 멀리 퍼져. 씨는 어떻게 생겼을까?

① 가는 털이 달렸어.
② 풍선처럼 부풀었어.
③ 날개가 달렸어.

75 씨를 멀리 퍼트리는 도깨비바늘의 열매는 어떻게 동물의 몸에 붙을까?

① 끈끈한 풀로 붙여서
② 갈고리 가시로 걸어서
③ 긴 털로 엉겨서

76 종이는 땅 속에 오래 있으면 썩지만, 뿌리는 썩지 않아. 왜 그럴까?

① 땅 속 영양분을 흡수해서
② 땅 속 물을 흡수해서
③ 숨을 쉬어서

77 낙우송은 다른 나무와 달리 뿌리의 일부를 땅 위로 올려. 왜 그럴까?

① 햇빛을 쬐려고
② 숨을 쉬려고
③ 물을 빨아들이려고

78 땅 위의 나무줄기는 키가 크고 굵기가 굵어져. 땅 속의 뿌리는 어떨까?

① 길이가 길어져.
② 굵기만 굵어져.
③ 길이와 굵기 모두 굵어져.

겨울나기

남은 영양분은 다 주고 간 거야?

줄기야, 겨울 잘 지내! 난 간다!

환경과 꽃과 나무

여름인데 왜 이렇게 춥니?

우리 같은 이끼나 되니까 남극에서 산다고!

그래도 여름이 와서 다행이야.

79 나무는 가을이 되면 물을 아끼려고 나뭇잎을 떨어뜨려. 나뭇잎에 남은 영양소는 어떻게 할까?

① 줄기에 저장해.

② 공기 중으로 날려 보내.

80 잎이 떨어진 나뭇가지에 동그란 몽우리가 남아 있어. 이 몽우리 속에 뭐가 들어 있을까?

① 봄에 움틀 잎과 꽃

② 봄에 퍼트릴 씨

81 겨울눈은 이것에 둘러싸여 추운 겨울을 견디고 봄에 싹을 틔워. 무엇으로 둘러싸였을까? (답은 2개)

① 솜털   ② 씨방

③ 비늘

82 사막에선 꽃이 피고 금세 시들어. 왜 그럴까?

① 꽃이 작아서

② 영양분을 빨리 만들려고

③ 씨를 빨리 만들려고

83 남극 대륙은 아주 춥고 메마른 땅이야. 이런 남극에 나무가 있을까, 없을까?

① 있어.

② 없어.

84 남극 대륙의 남극잔디는 추위를 피해 아주 작은 꽃을 피워. 남극잔디의 꽃은 얼마나 작을까?

① 쌀알만큼   ② 눈송이만큼

③ 보이지 않을 만큼

정답과 해설은 뒤쪽에 있어.

씨 퍼트리기

나무의 뿌리

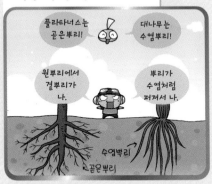

정답 73.① 74.③ 75.②

식물은 한 곳에 모여 자라면 햇빛과 물, 영양분이 부족하게 돼요. 그래서 여러 방법으로 씨를 퍼트려요.
감처럼 열매를 맺는 식물은 동물에게 먹혀 동물의 똥으로 씨를 퍼트려요. 민들레와 단풍나무는 바람으로 씨를 퍼트려요. 민들레 씨에는 털이 나 있고, 단풍나무 씨는 바람개비처럼 날개가 달려서 바람에 잘 날려요. 도깨비바늘은 열매에 갈고리 같은 가시가 있어 동물이나 사람의 몸에 붙어 씨를 퍼트려요.

정답 76.③ 77.② 78.③

땅 위의 줄기나 잎과 같이 땅 속 뿌리도 산소로 숨을 쉬어요. 농사를 지을 때 땅을 가는 것도 땅 속에 산소를 넣어 주기 위해서예요.
낙우송은 물기를 좋아해서 습지에 살아요. 하지만 흙 속은 산소가 부족해서 뿌리의 일부를 땅 위로 올려 공기 중의 산소로 숨을 쉬어요.
나무의 뿌리는 길게 자랄 뿐만 아니라 굵기가 굵어지기도 해요. 또 때로는 줄기껍질처럼 코르크층으로 둘러싸이기도 해요.

겨울나기

환경과 꽃과 나무

정답 79.① 80.① 81.①, ③

추운 겨울이 되면 비가 적게 와요. 그래서 나무는 물과 열이 나가는 걸 막기 위해 나뭇잎을 떨어뜨려요. 이 때 나뭇잎에 남은 영양분은 떨어지기 전에 줄기에 저장해요.

잎이 떨어진 나뭇가지 군데군데에 작고 동글한 몽우리가 남아 있어요. 이 몽우리는 이듬해 봄에 싹이 될 잎과 꽃이 모여 있는 겨울눈이에요. 겨울눈은 떡갈나무처럼 비늘로 덮여 있거나 목련처럼 솜털로 덮여서 추운 겨울을 견뎌요.

정답 82.③ 83.② 84.③

사막의 식물은 비가 오면 재빨리 꽃을 피우고 금세 시들어 버려요. 비가 오는 짧은 시간에 씨를 만들고 번식해야 하기 때문이에요.

남극 대륙은 춥고 영양분이 부족해서 나무처럼 큰 식물은 못 자라요. 대신 한여름에 눈이 녹고 영양분이 있는 곳에 이끼와 같은 작은 식물이 자라요. 또 남극잔디 같은 꽃식물이 눈에 보이지 않을 만큼 작은 꽃을 피워요. 북극은 땅이 아닌 바다여서 지상 식물이 없어요.

88-89쪽 정답이야.

집중탐구 퀴즈

문제를 잘 읽고 맞는 것을 골라봐. 쉽지 않을걸!

꽃과 나무의 이용

와인병 마개로? 우리가 짱이야♩

껍질이 고무처럼♩ 탄력이 짱이야♭

우, 우, 우리는? 코르크참나무로 만들어!

꽃과 나무의 이름

옛날 한 스님이 어린 동자를 두고 산을 내려갔대.

그런데 눈 때문에 길이 막혔다지?

스님이 돌아와 보니 동자가 죽었더래.

동자가 죽은 자리에 우리가 피었대.

---

85 '향의 여왕' 이라 불리는 이 꽃은 화장품과 향수를 만드는 데 많이 쓰여. 이 꽃은 무엇일까?

① 봉숭아   ② 아로마

③ 라벤더

86 포도주병의 마개를 만들 때 코르크참나무의 줄기를 많이 써. 왜 그럴까?

① 포도주가 잘 새지 않아서

② 포도주 맛을 지켜 줘서

③ 공기가 잘 통해서

87 숲을 걸으면 나무가 뿜는 피톤치드 때문에 기분이 좋아져. 나무는 왜 피톤치드를 뿜는 걸까?

① 병균과 해충을 쫓으려고

② 곤충을 유혹하려고

88 사시나무는 작은 바람에도 크게 흔들려서 사시나무라고 해. 왜 작은 바람에도 크게 흔들릴까?

① 가지가 가늘어서

② 잎자루가 가늘어서

89 떡갈나무는 잎으로 떡을 싸 둔다고 떡갈나무라고 해. 왜 잎으로 떡을 쌌을까?

① 떡이 잘 상하지 않아서

② 떡에 나무 향을 넣으려고

90 어린 동자승이 죽은 자리에서 피었다는 전설을 간직한 꽃은 뭘까?

① 동백꽃   ② 동자꽃

③ 맥문동

생활 속 꽃과 나무

날씨가 좋더니만 복숭아꽃이 폈네?

복숭아꽃? 이 좋은 날씨 얼마 못 가겠구먼.

꽃과 나무의 기네스

진짜 키다리 나무를 못 봤군.

캘리포니아에 사는 우리 형님은 키가 80미터거든.

키다리 나무들이야!

91 유칼리나무 같은 식물을 석유 식물이라고 해. 왜 그럴까?

① 석유 냄새가 나서
② 석유와 성분이 비슷해서
② 석유를 먹고 자라서

92 1986년 방사능 유출 사고가 일어났던 체르노빌 지역에선 방사능을 흡수하는 이 식물을 많이 심었어. 이 식물은 뭘까?

① 은행나무　　② 해바라기

93 '복숭아꽃이 피면 맑은 날이 3일도 안 간다' 는 말이 있어. 복숭아꽃은 언제 필까?

① 날씨가 맑을 때
② 날씨 변화가 심할 때

94 북극 지방의 바위 틈에서 자라는 눈버드나무는 세계에서 가장 가는 나무야. 얼마나 가늘까?

① 실만큼　　② 바늘만큼
③ 연필심만큼

95 라플레시아는 세계에서 가장 큰 꽃이야. 얼마나 클까?

① 타조 알만큼
② 자전거 바퀴만큼
③ 큰 트럭의 바퀴만큼

96 세계에서 가장 큰 나무는 무엇일까?

① 은행나무
② 세쿼이아
③ 소철나무

정답과 해설은 뒤쪽에 있어.

꽃과 나무의 이용

꽃과 나무의 이름

정답 85. ③   86. ①   87. ①

향기가 좋은 꽃은 향수, 비누, 화장품 등을 만들 때 쓰는데, 그 중에서도 라벤더가 많이 쓰여요. 라벤더의 향기는 살균이나 방충, 피로 회복이나 신경 안정용으로 쓰이기도 해요.
코르크참나무를 포도주병의 마개로 많이 써요. 껍질이 고무처럼 잘 늘었다 줄었다 해서 포도주가 잘 새지 않기 때문이에요.
나무는 병균과 해충을 막기 위해 피톤치드라는 물질을 뿜어요. 그래서 숲을 걸으면 기분이 상쾌해져요.

정답 88. ②   89. ①   90. ②

우리는 춥거나 무서우면 '사시나무 떨듯 한다'라는 말을 해요. 사시나무는 잎자루가 가늘어서 바람이 조금만 불어도 나무가 크게 흔들려요.
떡갈나무는 잎에 떡을 싸 둬서 이름이 붙었어요. 잎에서 방부제 성분이 나와 떡이 잘 상하지 않았어요.
동자꽃은 동자승의 전설을 간직하고 있어요. 어린 동자승이 스님이 산을 내려간 사이 스님을 기다리다 추위를 이기지 못해 죽은 자리에 동자꽃이 피었다고 해요.

생활 속 꽃과 나무

중금속으로 오염된 땅엔 개나리가 좋다고. 아연과 구리를 빨아들이거든!

물에는 부레옥잠을 심자! 질소와 인을 빨아들이고, 적조도 막거든!

꽃과 나무의 기네스

지금부터 식물 기네스 대회를 시작 하겠습니다! 세계에서 가장 큰 열매가 등장하고 있습니다!

이 바다야자는 지름이 45센티미터, 무게가 30킬로 그램입니다.

와

와

우와

정답 91.② 92.② 93.②

유칼리나무의 기름에는 석유와 비슷한 탄화수소라는 성분이 들어 있어요. 그래서 최근에 유칼리나무를 석유 대체 연료로 쓰기 위한 연구를 하고 있어요.

해바라기는 방사능에 오염된 땅에서도 잘 자라요. 또 방사능을 흡수해서 체액으로 감싸 따로 저장해요.

복숭아꽃은 봄이 시작되는 무렵 날씨 변덕이 심한 3~4월에 펴요. 그래서 복숭아꽃이 피면 맑은 날이 3일도 안 간다고 해요.

정답 94.③ 95.③ 96.②

세계에서 가장 작은 나무 연필심 정도로 가는 북극의 눈버드나무

세계에서 가장 큰 꽃 지름이 1미터 정도로, 큰 트럭의 바퀴만 한 인도네시아의 라플레시아

세계에서 가장 작은 꽃 지름이 1밀리미터도 안 되는 브라질에 사는 좀개구리밥의 꽃

세계에서 가장 키가 큰 나무 키가 80미터 정도의 미국 캘리포니아의 세쿼이아

92-93쪽 정답이야.

| 1 | 식물의 뿌리 | 4학년 |

다음은 식물의 뿌리에 대한 설명입니다.

• 뿌리의 종류 : 수염뿌리와 곧은뿌리
• 뿌리가 하는 일 : 지지 작용, 흡수 작용, 저장 작용

1. 명아주는 곧은뿌리가 있고 잎의 모양은 둥글다. (○, ×)

2. 쌍떡잎식물은 원뿌리와 곁뿌리의 구별이 없는 수염뿌리이고, 잎맥이 나란히맥이다. (○, ×)

3. 식물을 잡아 뽑을 때 잘 뽑히지 않는 것으로 보아 식물의 뿌리는 지지 작용을 한다는 것을 알 수 있다. (○, ×)

4. 식물의 뿌리털에서 물을 흡수한다. (○, ×)

| 2 | 강낭콩 씨앗의 싹트는 과정 | 4학년 |

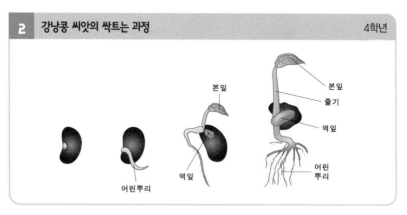

본잎
본잎
줄기
떡잎
어린뿌리
떡잎
어린
뿌리

1. 씨앗에서 가장 먼저 나오는 것은 떡잎이다. (○, ×)

2. 뿌리는 아래쪽으로 자라고, 줄기는 위쪽으로 자란다. (○, ×)

3. 씨앗의 본잎은 떡잎이 나오기 전에 나온다. (○, ×)

기대하시라!

3 잎이 줄기에 붙어 있는 모양 4학년

1. 마주나기는 잎 두 개가 서로 어긋나 있다. (○ , ×)
2. 뭉쳐나기는 잎이 줄기나 뿌리 주변에 뭉쳐 난다. (○ , ×)
3. 어긋나기는 마디 한 개에 잎이 한 장씩 어긋나 있다. (○ , ×)

4 식물의 한살이 4학년

 ➡ ➡ ➡

싹트기　　　　꽃피기　　　　열매 맺기　　　새로운 씨앗

1. 씨앗에서 싹이 터서 자라고, 꽃이 피며, 열매를 맺는 과정을 식물의 한살이라고 한다. (○ , ×)
2. 꽃이 진 자리에 꼬투리가 생긴다. (○ , ×)
3. 처음 심었던 강낭콩과 새로 얻은 강낭콩의 생김새는 다르다. (○ , ×)

교과서 도전 퀴즈

학교 시험에는 어떻게 나올까? 도전해봐!

정답 96쪽

5 여러 가지 씨앗이 퍼지는 방법　　5학년

| 참외 | 연꽃 | 민들레 | 도깨비바늘 |

1. 참외의 씨는 털이나 날개 같이 바람에 잘 날릴 수 있다. (○ , ×)

2. 연꽃 씨는 열매 속에 공기 주머니가 있어서 물 위에 떠서 퍼진다. (○ , ×)

3. 민들레는 꼬투리에 싸여 있다 건조해지면 껍질이 터져 씨가 튕겨 나간다.

(○ , ×)

4. 도깨비바늘은 다른 동물의 몸에 붙어서 씨가 퍼진다. (○ , ×)

6 식물이 사는 곳　　4학년

구분	숲	들
환경	주로 산	평평한 평야
사는 식물	풀과 나무	주로 풀
햇빛	나무 잎에 가려 잘 들지 않는다	잘 든다
이용	목재나 버섯, 산나물을 생산한다	논이나 밭으로 많이 이용된다.

1. 들에는 주로 나무가 많다. (○ , ×)

2. 숲속은 주로 논이나 밭으로 이용된다. (○ , ×)

96쪽 정답　 **1** 1.○ 2.× 3.○ 4.○ **2** 1.× 2.○ 3.×

7 여러 가지 꽃의 꽃가루받이(수분) 방식

5학년

| 충매화(곤충) | 풍매화(바람) | 수매화(물) | 조매화(새) |

1. 벼나 보리는 곤충에 의해 꽃가루받이가 일어난다. (○ , ×)

2. 곤충이 모여드는 꽃은 꿀이 있고 꽃잎의 색깔이 화려하다. (○ , ×)

3. 물수세미는 새에 의해 꽃가루받이가 일어난다. (○ , ×)

8 잎의 증산 작용

5학년

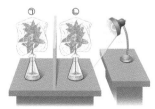

㉠ ㉡

(가) 잎의 수가 다른 경우   (나) 빛을 한 쪽만 쬐어 준 경우

1. (가)에서는 식물 잎이 많을수록 삼각 플라스크 속의 물이 많이 줄어들고, 비닐 주머니 속에 물방울이 많이 생겼다. (○ , ×)

2. (나)에서는 전등빛을 받지 않은 식물의 비닐 주머니 속에 물방울이 많이 생기고, 삼각 플라스크 속의 물이 더 많이 줄어들었다. (○ , ×)

3. 증산 작용은 빛이 강할수록, 온도가 높을수록, 습도가 낮을수록, 바람이 적당하게 불 때 활발하게 일어난다. (○ , ×)

3 Round 식물의 이용

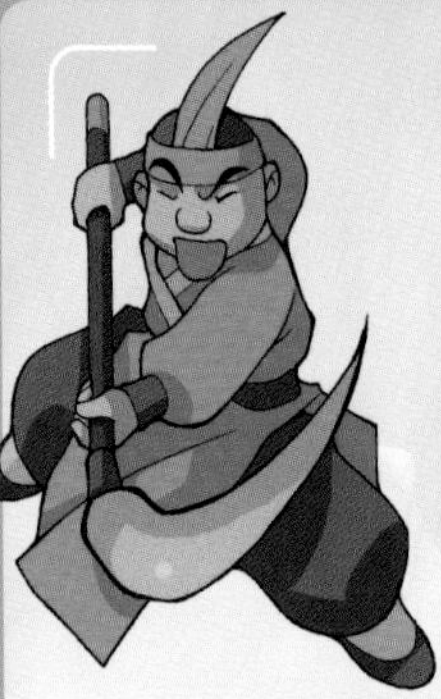

stage 2

- 집중탐구 퀴즈

식물의 가치 1 · 식물의 가치 2
봄과 여름 식물 · 가을과 겨울 식물
씨앗 · 열매
잎과 줄기 · 뿌리와 꽃
저장 식품 · 식물성 발효식품
어린이 간식 · 차, 커피, 술
유기농 · 영양소
허브 식물 · 열대 과실

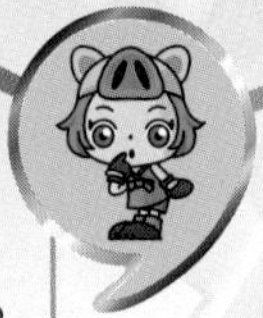

- 속담 퀴즈
- 또또 퀴즈

stage 1

- O× 퀴즈
- 있다없다 퀴즈
- 네모 퀴즈
- 사다리 퀴즈
- 왜?왜? 퀴즈

stage 3

집중탐구 퀴즈

식물과 옷감 1 · 식물과 옷감 2
식물과 집 · 종이
나무의 활용 · 연료
소나무 · 고무나무
약초 · 의약품
미용 · 생활용품
예술 · 놀이
숲의 보존 · 기록

stage 4

교과서 도전 퀴즈

OX 퀴즈

맞으면 O, 틀리면 ×에 ◯표 하는 거야. 이제 시작이라고!

정답 104쪽

O　**1** 토마토는 과일이다.　×

O　**2** 팝콘은 보리를 튀긴 음식이다.　×

O　**3** 딸기는 가을 열매이다.　×

O　**4** 지구에서 가장 수가 많은
생명체는 식물이다.　×

O　**5** 바다 속에도 식물이 산다.　×

O　**6** 오이는 줄기 채소다.　×

O　**7** 당근은 뿌리를 먹는다.　×

O　**8** 된장은 발효 식품이다.　×

각 쪽을 잘 보고, 답을 맞춰봐. 누가 더 많이 맞췄을까……

102

있다없다 퀴즈

있을까? 없을까? 알쏭달쏭~~ 비밀의 문을 열어봐!

정답 105쪽

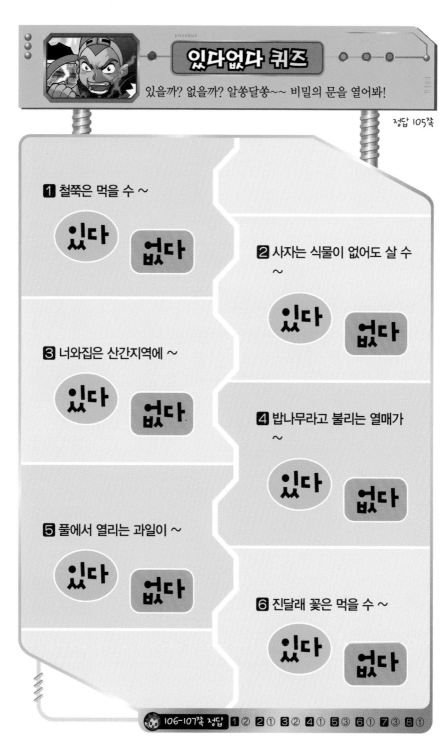

1 철쭉은 먹을 수 ~

있다　없다

2 사자는 식물이 없어도 살 수 ~

있다　없다

3 너와집은 산간지역에 ~

있다　없다

4 밥나무라고 불리는 열매가 ~

있다　없다

5 풀에서 열리는 과일이 ~

있다　없다

6 진달래 꽃은 먹을 수 ~

있다　없다

106-107쪽 정답 ❶② ❷① ❸② ❹① ❺③ ❻① ❼③ ❽①

네모 퀴즈

네모 안에 들어갈 말은 뭘까? 답은 둘중 하나!

정답 106쪽

1 지구에 제일 먼저 태어난 생명체는 이다. ······ 식물 〉 〈 동물

2 밥은 의 씨로 만든 것이다. ········· 벼 〉 〈 밀

3 딸기 처럼 풀에서 열리는 열매를 라 고 한다. ····· 과일 〉 〈 채소

4 식물의 섬유소로 만든 우리 나라 최초의 옷감은 이다. ······ 모시 〉 〈 삼베

5 창포물로 머리를 감는 명절은 이다. ······ 단오 〉 〈 추석

6 열대 과일의 껍질은 . ·············· 얇다 〉 〈 두껍다

7 대구에서 유명한 과일은 이다. ········· 사과 〉 〈 배

8 붉은 장미에 담긴 의미는 이다. ········ 순결 〉 〈 사랑

102쪽 정답 **1** ✕ **2** ✕ **3** ✕ **4** ○ **5** ○ **6** ✕ **7** ○ **8** ○

사다리 퀴즈

알쏭달쏭 수수께끼! 사다리를 타면 답이 나와.

정답 107쪽

1 무엇이든 보겠다고 우기는 것은?

2 가죽을 먼저 벗기고 털을 뽑는 것은?

3 소리 나지 않는 방울은?

4 늙을수록 튼튼해지는 것은?

5 집이 노래지면 가출하는 것은?

6 무는 무인데 늘어났다 줄어들었다 하는 것은?

7 방귀를 잘 뀌는 나무는?

8 빨간 얼굴에 주근깨 투성인 것은?

고무

솔방울

뽕나무

콩

옥수수

대나무

딸기

보리

103쪽 정답 **1** 없다 **2** 없다 **3** 있다 **4** 있다 **5** 없다 **6** 있다

왜?왜? 퀴즈

왜? 왜 그럴까? 숨겨진 이유를 찾아봐.

정답 103쪽

1 왜 우리 음식에는 파, 생강, 마늘 등의 식물을 양념으로 넣을까?

① 색을 더 좋게 하려고
② 맛을 더 좋게 하려고
③ 소화가 잘 되게 하려고

2 왜 고기 요리에는 후추를 뿌려 먹을까?

① 나쁜 냄새를 없애려고
② 고기를 상하지 않게 하려고
③ 빨리 익게 하려고

3 왜 플라타너스는 가로수로 많이 심을까?

① 물기를 내보내서
② 매연에 잘 견뎌서
③ 소리를 빨아들여서

4 왜 집 안에 잎이 넓은 화초를 키우면 좋을까?

① 공기를 맑게 해서
② 공기를 차게 해서
③ 햇빛을 가려 줘서

104쪽 정답 **1** 식물 **2** 벼 **3** 채소 **4** 삼베 **5** 단오 **6** 두껍다 **7** 사과 **8** 사랑

● 왜 싹이 난 양파는 먹어도 되는데 감자는 먹으면 안될까?

① 냄새가 고약해서
② 맛이 써서
③ 독이 있어서

● 왜 허브는 오랫동안 외출을 못 하는 환자에게 좋을까?

① 향기가 좋아서
② 키우기 쉬워서
③ 꽃이 크고 화려해서

● 왜 전나무는 크리스마스 장식에 많이 쓰일까?

① 키가 커서
② 잎이 파래서
③ 뾰족한 삼각형 모양이어서

● 왜 무궁화는 많은 어려움을 이겨낸 우리 민족과 닮았을까?

① 오랫동안 시들지 않아서
② 꽃이 화려해서
③ 매일매일 새 꽃이 피어서

🐾 105쪽 정답 ❶ 보리 ❷ 옥수수 ❸ 솔방울 ❹ 대나무 ❺ 콩 ❻ 고무 ❼ 뽕나무 ❽ 딸기

식물의 가치 1

식물의 가치 2

1 식물은 지구에서 가장 수가 많은 생명체야. 그럼 바다 속에서도 살까?

① 그럼, 바다 속에도 살지.

② 아니, 흙이 있는 땅에만 살아.

2 먼 옛날 동물은 식물이 먼저 생긴 다음에야 생겨났어. 왜 그랬을까?

① 식물이 물을 만들어서

② 식물이 산소를 만들어서

③ 식물이 햇빛을 만들어서

3 사자는 얼룩말을 잡아먹고 살아. 그럼 사자는 식물이 없어도 살 수 있을까?

① 그럼, 살 수 있지.

② 아니, 살 수 없어.

4 사람은 왜 오래 전부터 먹고, 입고, 집을 짓는 데 식물을 이용했을까?

① 구하기 쉬워서

② 동물을 무서워해서

③ 보관하기 쉬워서

5 사람이 모여 살기 시작한 것은 식물 때문이야. 이유는 무엇일까?

① 식물로 옷을 만들려고

② 식물을 기르려고

③ 식물로 집을 지으려고

6 콜럼버스는 이 식물을 구하러 갔다가 아메리카 대륙을 발견했어. 이 식물은 무엇일까?

① 고추　　　② 후추

③ 마늘

봄과 여름 식물

넌 어느 계절이 좋아? 난 여름.

우리 더운 지역에서 왔으니까.

나도 나도!

사는 곳은 속여도 원산지는 못 속인다더니….

가을과 겨울 식물

옛날엔 우리를 밥나무라고 불렀대.

그럼, 나는 밥풀때기라고 불렀겠네?

7 겨울이 지나 봄이 되면 피곤하고 졸리고 입맛이 없어. 뭘 먹으면 좋을까?

① 입맛을 돋우는 달래나물
② 단백질이 풍부한 두부조림
③ 시원한 오이냉국

8 무더운 여름엔 성질이 차고 수분이 풍부한 채소를 먹어. 다음 중 무엇일까?
(답은 2개)

① 수박　　　② 바나나
③ 참외

9 과자나 아이스크림 같은 군것질거리가 없던 옛날에 먹던 간식은 뭘까?

① 옥수수와 감자
② 가래떡과 찰떡
③ 엿과 사탕

10 가을에 밤이 주렁주렁 열리는 밤나무를 옛날엔 밥나무라고 부르기도 했어. 왜 그랬을까?

① 맛이 밥과 비슷해서
② 먹으면 밥처럼 든든해서

11 겨울에 귤을 먹으면 부족한 비타민을 보충할 수 있어. 그런데 왜 귤을 많이 먹으면 손과 발이 노래질까?

① 껍질의 노란 물이 묻어서
② 남은 비타민이 피부에 쌓여서

12 옛날과 달리 요즘엔 여름 과일인 수박을 겨울에도 먹을 수 있어. 왜 그럴까?

① 추위에 강한 수박을 만들어서
② 비닐하우스에서 키워서

정답과 해설은 뒤쪽에 있어.

집중탐구 퀴즈 정답 & 해설

식물의 가치 1

정답 1.① 2.② 3.②

지구에 가장 많은 생명체는 식물이에요. 36만여 종의 식물이 땅과 바다 속에 살고 있어요.

지구에 가장 먼저 나타난 것도 식물이에요. 식물이 광합성으로 산소를 만들어 내자 동물이 생겨났어요.

땅에 사는 얼룩말은 풀을, 물에 사는 작은 물고기는 식물성 플랑크톤을 먹어요. 그래서 얼룩말을 먹는 사자와 작은 물고기를 먹는 큰 물고기도 식물이 없으면 살 수 없어요.

식물의 가치 2

정답 4.① 5.② 6.②

오랜 옛날부터 사람들은 주변에서 구하기 쉬운 식물을 먹고, 입고, 집을 지었어요.

처음에 사람들은 동굴을 찾아서 이리지리 옮기며 살았어요. 그러다 식물을 기르면서 한곳에 모여 살기 시작했어요.

가끔 귀한 식물 때문에 역사상 큰 사건이 일어나기도 했어요. 콜럼버스가 후추를 구하러 갔다가 아메리카 대륙을 발견한 것처럼요.

봄과 여름 식물

가을과 겨울 식물

정답 7.① 8.①, ③ 9.①

봄이 되면 겨울에 채소와 과일을 많이 먹지 못해 낮에도 졸리고 입맛이 떨어질 수 있어요. 이 때 비타민이 풍부한 달래, 냉이, 씀바귀 같은 봄나물을 먹으면 좋아요.

수박과 참외는 대표적인 열매 채소로, 수분과 비타민이 풍부해서 무더위에 지친 몸의 피로를 풀어 줘요.

과자나 아이스크림이 없던 옛날에는 여름이 되면 옥수수나 감자 같은 음식을 간식으로 먹었어요.

정답 10.② 11.② 12.②

가을에 밤이 열리는 밤나무를 옛날엔 밥나무라고 했어요. 밤을 먹으면 밥처럼 든든했거든요.

굴은 겨울철에 부족하기 쉬운 비타민을 보충해 주는 과일이에요. 하지만 너무 많이 먹으면, 몸 안에 남은 비타민이 피부 아래 쌓여서 손발이 노래지기도 해요.

요즘은 따뜻한 비닐하우스가 있어 겨울에도 여름 과일을 먹을 수 있어요.

108-109쪽 정답이야.

집중탐구 퀴즈

문제를 잘 읽고 맞는 것을 골라봐. 쉽지 않을걸!

씨앗

난 튀겨도 먹어.

난 밥과 친해.

난 꽃을 피워

열매

과일 여러분 다 모였죠?

어머! 여기 채소 모임 아니네? 토마토야, 가자!

딸기 쟤 과일 맞아? 풀에서 나지 않았나?

---

13 밥이나 빵처럼 아침, 점심, 저녁으로 먹는 주식은 주로 식물의 씨앗이야. 왜 씨앗을 주식으로 먹을까?

① 영양분이 골고루 들어 있어서
② 맛이 제일 좋아서

14 콩, 깨, 해바라기 등의 씨앗은 그냥 먹기도 하고 이것으로 만들어 요리하는 데 써. 이것은 무엇일까?

① 기름　　② 육수　　③ 고명

15 팝콘은 이 식물의 씨앗을 기름에 튀긴 간식이야. 이 식물은 무엇일까?

① 보리　　② 콩　　③ 옥수수

---

16 식물의 열매 중 나무에 열리는 것을 과일이라고 해. 다음 중 과일은 무엇일까?

① 토마토　　　② 딸기
③ 포도

17 수박, 참외, 딸기처럼 풀에서 열리는 열매는 과일이 아니야. 그럼 뭘까?

① 채소　　　② 나물
③ 넝쿨

18 참나무 열매인 이것은 그냥 먹지 않고 묵으로 만들어 먹어. 이것은 무엇일까?

① 잣　　　　② 호두
③ 도토리

잎과 줄기

여러분! 우리는 뿌리가 아니라 뭐라 했죠?

줄기!

줄기!

그래! 너흰 줄기고, 내가 뿌리란다.

뿌리와 꽃

혹시 철쭉 없겠지?

응! 근데 왜?

철쭉 걔 독 있잖아. 화전 만들어 먹으면 큰일 나.

19 배추는 잎과 줄기를 먹는 잎줄기 채소야. 그럼 오이처럼 열매를 먹는 채소는 뭐라고 할까?

① 뿌리 채소   ② 줄기 채소

③ 열매 채소

20 시금치는 줄기를 먹고, 당근은 뿌리를 먹어. 그럼 무는 어느 부위를 먹을까?

① 뿌리만 먹어.

② 줄기만 먹어.

③ 뿌리와 줄기를 모두 먹어.

21 김치를 담글 때 마늘을 넣어. 우리는 마늘의 어느 부분을 먹을까?

① 영양분이 많은 뿌리

② 영양분이 많은 줄기

③ 물이 많은 잎

22 3월 삼짇날(3일)엔 진달래꽃을 먹었어. 어떻게 먹었을까?

① 즙을 내어

② 국을 끓여서

③ 부침개를 부쳐서

23 철쭉은 진달래와 비슷하게 생겼지만 먹을 수 없어. 왜 그럴까?

① 맛이 너무 써서

② 독이 들어서

③ 냄새가 고약해서

24 다음 중 도라지처럼 뿌리를 먹는 식물은 무엇일까?

① 고추와 가지

② 양파와 감자

③ 당근과 고구마

정답과 해설은 뒤쪽에 있어.

집중탐구 퀴즈 정답 & 해설

씨앗

열매

정답 13. ① 14. ① 15 ③

우리 나라의 주식인 밥은 벼의 씨앗으로 만들고, 서양의 주식인 빵은 밀의 씨앗으로 만들어요. 이처럼 대부분의 나라가 주식으로 식물의 씨앗을 먹어요. 식물의 씨앗에는 생명을 키우기 위한 영양분이 골고루 들어 있기 때문이에요.

또 우리가 요리할 때 쓰는 기름도 대부분 식물의 씨앗을 짜서 얻어요. 그리고 이 기름에 옥수수 씨앗을 튀기면 팝콘이 돼요.

정답 16. ③ 17. ① 18. ③

식물의 열매에는 비타민이 많아요. 식물의 열매 중 사과, 배, 감처럼 나무에 열리는 열매를 과일이라고 해요. 우리가 흔히 과일로 알고 있는 토마토는 고추처럼 풀에서 나는 채소예요. 이 밖에도 딸기, 참외, 수박도 과일이 아니라 풀에서 나는 채소예요.

우리 나라에는 참나무가 많아요. 그래서 옛날부터 참나무 열매인 도토리로 묵을 만들어 먹었어요.

잎과 줄기

뿌리와 꽃

정답 19.③ 20.③ 21.②

채소는 먹는 부위에 따라 뿌리 채소, 잎줄기 채소, 열매 채소로 나눠요. 뿌리 채소는 당근, 감자, 도라지가 있고, 잎줄기 채소는 배추, 파슬리, 시금치가 있어요. 그리고 열매 채소에는 토마토, 가지, 오이가 있어요. 그런데 무처럼 뿌리 채소지만 뿌리, 잎, 줄기를 모두 먹는 채소도 있어요.

또 우리가 먹는 마늘은 뿌리처럼 생겼지만 영양분이 많은 줄기예요.

정답 22.③ 23.② 24.③

꽃이 피기 시작한다는 3월 삼짇날(3일)이 되면, 찹쌀 반죽에 진달래 꽃을 얹어 화전을 부쳐 먹었어요. 철쭉은 꽃의 모양이나 피는 시기가 진달래와 비슷하지만, 독이 있어서 먹지 않았어요.

도라지는 뿌리를 먹는 뿌리 식물이에요. 도라지 뿌리를 달여 먹으면 기침과 가래에 좋아요. 우리가 많이 먹는 당근과 고구마도 도라지처럼 뿌리를 먹는 식물이에요.

저장 식품

마순이 말야. 어제 결국은 썩어서 버려졌대.

그러게 진작 간장에 뛰어 들라니깐.

걔가 간장 냄새 싫어했잖아.

식물성 발효 식품

변비엔 내가 최고!

오래 묵힐수록 맛있어.

25 무나 감은 그냥 두면 시들고 썩어 버려. 오래 보관하려면 어떻게 하면 좋을까?

① 불에 끓여   ② 햇볕에 말려.
③ 물에 담궈.

26 딸기는 딸기잼으로 만들면 오래 두고 먹을 수 있어. 왜 그럴까?

① 설탕을 넣어서
② 불에 끓여서
③ 유리병에 보관해서

27 마늘에 간장과 식초를 넣고 절이면 오랫동안 맛있게 먹을 수 있어. 이렇게 장에 절인 음식을 뭐라고 할까?

① 장아찌   ② 젓갈
③ 말랭이

28 젓갈은 생선을 발효시킨 음식이야. 식물을 발효시킨 음식은 무엇일까?

① 치즈, 버터
② 된장, 고추장
③ 요구르트, 식초

29 김치는 배추나 무 등의 식물을 소금에 절여서 발효시켜. 그럼 포도주는 어떻게 발효시킬까?

① 포도를 바짝 말려서
② 포도를 잘게 으깨서

30 김치나 된장 같은 발효 식품을 많이 먹으면 뭐가 좋을까? (답은 2개)

① 변비를 예방해 줘.
② 눈이 좋아지게 해 줘.
③ 암을 예방해 줘.

어린이 간식

난 달콤한 초콜릿

얘들아! 찰리 온다.

기다려! 초콜릿으로 변신해서 올 테니.

차, 커피, 술

이게 커피의 원료야?

괜히 내 이름이 커피콩이겠니?

콩처럼 생겼는데!?

31 과자는 식물로 많이 만들어. 주로 무엇으로 많이 만들까?

① 밀, 쌀, 보리 등의 곡식
② 사과, 포도 등의 과일
③ 배추, 무 등의 채소

32 초콜릿은 열대 지방에서 자라는 이 식물의 열매 씨로 만들어. 이 식물은 무엇일까?

① 야자수　　② 파파야
③ 카카오

33 초콜릿, 아이스크림, 사탕, 케이크 등의 향을 좋게 하는 데 쓰이는 이 식물은 뭘까?

① 참깨　　② 장미
③ 바닐라

34 커피는 세계인이 즐기는 음료야. 커피는 무엇으로 만들까?

① 커피나무의 잎
② 커피나무의 뿌리
③ 커피나무의 열매인 커피콩

35 녹차를 마시면 씁쓸한 맛이 나. 녹차의 어떤 성분 때문일까?

① 카테친　　② 카페인
③ 카라멜

36 포도주는 포도로, 맥주는 보리로 만들어. 그럼 소주는 무엇으로 만들까?

① 배, 사과 등의 과일
② 쌀, 보리 등의 곡식
③ 국화, 장미 등의 꽃

정답과 해설은 뒤쪽에 있어.

집중탐구 퀴즈 정답 & 해설

저장 식품

식물성 발효 식품

정답 25.② 26.① 27.①

식물은 금방 상하기 때문에 오래두고 먹기 위해 다양한 보관 방법을 만들어 냈어요.

딸기, 포도 등은 설탕을 넣고 졸여 잼을 만들면 고농도 당분이 미생물의 성장을 막아 잘 썩지 않게 돼요.

무, 감 등을 말리면 수분이 없어서 오래 두고 먹을 수 있어요.

마늘, 고추 등을 간장, 소금, 고추장에 절여 장아찌를 만들면, 짠 소금기 때문에 잘 썩지 않아요.

정답 28.② 29.② 30.①, ③

미생물의 작용으로 분해 또는 산화·환원하여 알코올이나 탄산가스 등으로 변한 식품을 발효 식품이라고 해요. 발효 식품은 김치, 된장, 빵, 술처럼 식물을 발효시킨 게 많아요.

재료에 따라 발효 방법이 달라요. 김치는 배추를 소금에 절이고, 포도주는 포도를 으깨어 발효시켜요.

음식은 발효되면서 맛과 영양가가 높아져요. 특히 김치는 변비에, 된장은 암을 예방하는 데 좋아요.

어린이 간식

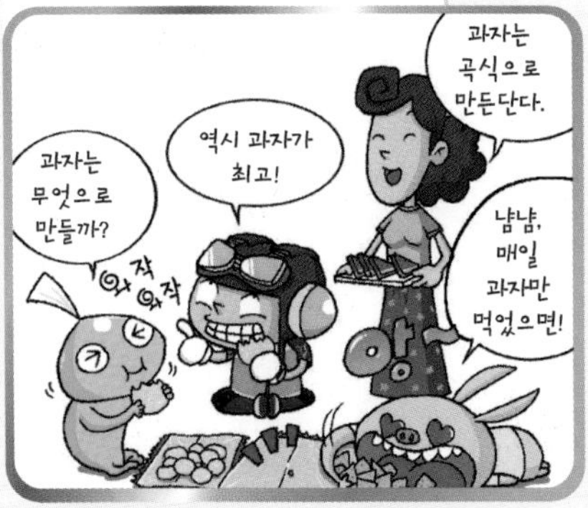
과자는 무엇으로 만들까?
역시 과자가 최고!
과자는 곡식으로 만든단다.
냠냠, 매일 과자만 먹었으면!
와작 와작

차, 커피, 술

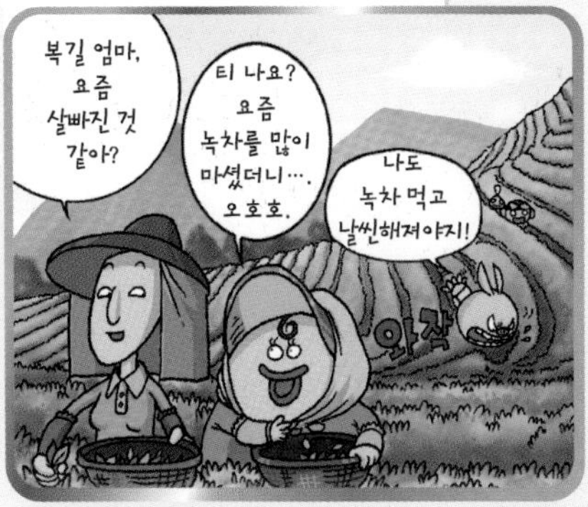
복길 엄마, 요즘 살빠진 것 같아?
티 나요? 요즘 녹차를 많이 마셨더니…. 오호호.
나도 녹차 먹고 날씬해져야지!
와작

정답 31. ① 32. ③ 33. ③

우리가 좋아하는 과자는 주로 밀, 보리, 쌀과 같은 곡식으로 만들어요. 또 식물로 향을 내기도 하는데, 바닐라 맛이 나는 과자와 아이스크림은 열대 지방의 바닐라 열매를 발효시켜 얻은 향을 더한 거예요.

초콜릿은 열대 지방에서 자라는 카카오 열매의 씨로 만들어요. 초콜릿은 영양가가 풍부한 대신 당분이 많아서 먹은 후에는 이를 잘 닦아야 해요.

정답 34. ③ 35. ① 36. ②

커피는 커피나무의 열매인 커피콩으로 만들어요. 커피에는 중독성이 있는 카페인이 들어 있어서, 많이 마시면 잠이 잘 오지 않아요.

녹차는 차나무 잎으로 만들어요. 녹차의 씁쓸한 맛을 내는 카테친은 성인병을 예방하는 데 좋아요.

마시면 취하는 술도 식물로 만들어요. 포도주는 포도를, 맥주는 보리를 발효시켜, 소주는 쌀이나 보리를 발효시켜 증류하여 만들어요.

116-117쪽 정답이야.

집중탐구 퀴즈

문제를 잘 읽고 맞는 것을 골라봐. 쉽지 않을걸!

유기농

농약을 안 써서 몸에 좋다나 봐.

근데 왜 인기가 많지?

유기농 배추는 우리보다 작대.

그래? 농약 다 뺄어.

영양소

사과 같은 내 얼굴 예쁘기도 하지요♪

내가 더 예쁜데 왜 사과만 노래하는 거야?

과일과 채소를 많이 먹으면 예뻐져요.

---

37 농약을 쓰면 채소가 잘 자라고 해충과 잡초가 없어져. 그런데 왜 농약을 많이 쓰면 안 될까?

① 채소에 농약이 남아서
② 채소의 영양소가 변해서

38 벼농사를 지을 때 농약 대신 논에 오리를 풀어 기르기도 해. 왜 그럴까?

① 거름이 될 똥을 싸라고
② 잡초를 먹으라고
③ 해충을 잡아먹으라고

39 건강을 위해 농약이나 화학 비료를 쓰지 않고 과일을 키우면 수확량이 적어져. 그러면 크기는 어떨까?

① 커져.   ② 작아져.
③ 똑같아.

40 우유와 멸치를 먹으면 뼈가 튼튼해져. 그럼, 과일을 먹으면 다음 중 어떤 점이 좋을까? (답은 2개)

① 힘이 세져.   ② 피부가 고와져.
③ 변비가 예방돼.

41 비타민 A가 부족하면 밤눈이 어둡기 쉬워. 그럼 다음 중 무얼 먹으면 좋을까?

① 감자   ② 당근   ③ 마늘

42 과일의 비타민은 어떻게 먹어야 가장 많이 섭취할 수 있을까?

① 깨끗이 씻은 후 깎아서
② 깨끗이 씻은 후 즙을 내서
③ 깨끗이 씻은 후 껍질째

120

허브 식물

햇빛에 탄 곳에는 ♪ 즙을 내고! ♪

화상을 입었을 땐 젤리 같은 속을! ♪

나는야 알, 알, 알로에 ♬

열대 과실

넌 그래도 가시는 없잖아.

사과처럼 껍질이 얇았으면….

43 라벤더, 카모마일, 로즈마리 같은 식물은 향도 좋고 약효도 뛰어나. 이런 식물을 뭐라고 할까?

① 아로마   ② 향수

③ 허브

44 국화 향기는 피로를 풀어 줘. 장미 향기는 어디에 도움이 될까?

① 잠을 잘 자는 데

② 여드름을 치료하는 데

③ 입맛을 돋우는 데

45 이 선인장은 옛날부터 피부가 햇볕에 타거나 가벼운 화상을 입었을 때 발랐어. 다음 중 무엇일까?

① 산세베리아   ② 알로에

③ 백련초

46 우리 나라에선 파인애플, 바나나 같은 과일은 잘 안나. 어떤 나라에서 날까?

① 비가 적고 햇볕이 강한 나라

② 비가 많고 햇볕이 강한 나라

③ 비가 많고 햇볕이 약한 나라

47 코코넛이나 오렌지처럼 열대과실은 대부분 껍질이 두꺼워. 왜 그럴까?

① 강한 햇볕을 막으려고

② 비가 못 스며들게 하려고

③ 과일 속의 물이 못 빠져나가게

48 두리안은 '천국의 맛'이라는 별명을 가진 열대과실이야. 향은 어떨까?

① 달콤한 꿀 냄새가 나.

② 푹 익은 김치 냄새가 나.

③ 양파 썩는 냄새가 나.

집중탐구 퀴즈 정답 & 해설

유기농

해충, 이놈들, 농약맛 좀 보시지!

아이고, 메뚜기 죽네!

영양소

토라야, 운동 안 해?

탄수화물이 운동에 필요한 칼로리를 준대.

네 몸에 칼로리 충분하거든? 아니 넘치거든?

외구

외구

정답 37. ① 38. ③ 39. ②

농약을 쓰면 해충과 잡초를 없애줘서 채소가 잘 자라요. 하지만 채소에 농약이 남아서 사람에게 해를 끼칠 수 있어요.

그래서 요즘은 농약이나 화학 비료를 전혀 쓰지 않는 유기농법으로 농사를 많이 지어요. 논에 오리를 풀어서 해충을 잡아먹게 하는 것처럼요. 유기농 과일이나 채소는 양이 적고 크기도 작지만, 우리 건강과 환경에는 좋아요.

정답 40. ②, ③ 41. ② 42. ③

식물에는 몸에 좋은 영양소가 많이 들어 있어요.

과일에는 피부를 곱게 하는 비타민이 많이 들어 있고, 쌀이나 밀 같은 곡식에는 활동에 필요한 탄수화물이 풍부해요. 또 당근에 있는 비타민 A는 밤 눈이 어두운 야맹증 예방에 좋아요.

비타민은 특히 과일의 껍질 부분에 많아요. 그래서 과일은 깨끗이 씻은 후 껍질째 먹는 게 좋아요.

허브 식물

열대 과실

라벤더나 로즈마리처럼 향기와 약효로 우리 몸과 마음을 편안하게 해 주는 식물을 허브라고 해요.

우리가 잘 아는 국화와 장미도 허브예요. 국화의 향은 피로를 푸는 데, 장미의 향은 신경을 안정시켜서 잠을 자는 데 도움이 돼요.

알로에는 예부터 약으로 사용했어요. 햇볕에 탔을 때는 즙을 바르고, 가벼운 화상에는 잎을 잘라서 젤리 같은 부분을 상처에 발라 열을 내렸어요.

열대 지방은 비가 많이 오고 햇빛이 강해서 과일이 크고 아주 달아요. 또 코코넛이나 오렌지처럼 껍질이 두꺼워요. 이것은 과일 속 물이 빠져나가는 걸 막기 위한 거예요.

열대과실 중에 두리안은 '천국의 맛'이라 불릴 만큼 아주 달고 맛이 좋아요. 하지만 냄새는 지독해서 양파 썩는 냄새가 나요.

열대 식물은 우리 나라처럼 겨울이 있는 곳에선 재배하기 힘들어요.

120-121쪽 정답 이야.

속담 퀴즈 ▶ 열쇠를 찾아봐. 속담이 보일 거야.

콩으로 ■■를 쑨대도 곧이 듣지 않는다.

➔ 남의 말을 그대로 믿지 않는다.

■■■ 키 재기

➔ 고만고만한 사람끼리 서로 다툰다.

■■ 나무 보고 춤춘다.

➔ 나중에 올 것을 미리 본 듯 좋아한다.

콩 심은 데 ■ 나고, 팥 싶은 데 ■ 난다.

➔ 모든 일은 원인에 따라 결과가 생긴다.

약방에 ■■

➔ 어떤 일에도 빠짐없이 참여하는 사람

오동

감초

메주

콩, 팥

도토리

쉬어가기

또또 퀴즈

정답 171쪽

다음 중 하는 일이 나머지 다섯과 다른 토라는 누구일까?

❶

❷

❸

❹

❺

❻

과연~
만만치 않을걸?

79쪽 정답 **❸**

또또 퀴즈~ 정말 재미있다. 어디 어디 숨었을까?

Round 3 식물의 이용 · 125

집중탐구 퀴즈

문제를 잘 읽고 맞는 것을 골라봐. 쉽지 않을걸!

식물과 옷감 1

저만큼 떨어져. 공기 잘 통하게.

바짝 붙어. 흙이랑 먼지 못 들어오게.

식물과 옷감 2

나무에 웬 솜이 주렁주렁?

내가 바로 무명을 만드는 목화솜이지.

49 옛날엔 식물로 신발을 만들어 신었어. 식물로 만든 신발은 무엇일까?

(답은 2개)

① 짚신   ② 운혜
③ 나막신

50 이것은 우리 나라 최초의 옷감으로, 식물의 질긴 섬유소로 짰어. 이것은 무엇일까?

① 면   ② 모시   ③ 삼베

51 사람들은 추위를 막기 위해 털가죽 옷을 입었어. 그럼, 풀로 만든 옷은 무엇을 위해 입었을까?

① 뜨거운 햇빛을 막기 위해
② 무서운 맹수를 막기 위해

52 삼베는 삼을 잘게 쪼개 만든 실로 짠 옷감이야. 삼의 어느 부분을 사용할까?

① 잎   ② 줄기
③ 뿌리

53 무명은 목화의 열매로 만든 옷감이야. 목화의 열매는 어떻게 생겼을까?

① 솜처럼   ② 실처럼
③ 스프링처럼

54 다음 중 면 같은 천연 섬유가 나일론 같은 화학 섬유보다 좋은 점은 무엇일까?

① 더 따뜻해.   ② 더 질겨.
③ 땀 흡수를 더 잘 해.

식물과 집

희한하네? 잔가지랑 풀로만 되어 있는데 안 쓰러지네?

안에 나무 기둥이 세워져 있거든.

종이

파피루스는 여자의 마음?

그럼, 여자의 마음은 갈대니까.

파피루스는 나일강에 있는 갈대 이름이래.

55 옛날 사람들은 맨 처음 식물로 집을 지었어. 어떻게 지었을까?

① 나무 기둥에 나무 지붕
② 나무 기둥에 풀 지붕
③ 나무 기둥에 가죽 지붕

56 소나무로 집의 기둥을 세우면 잘 썩지 않아. 왜 그럴까?

① 송진 때문에
② 솔잎 때문에
③ 솔가루 때문에

57 초가집은 짚으로 지붕을 엮었어. 너와집은 무엇으로 지붕을 얹었을까?

① 나뭇잎　② 풀
③ 나무 조각

58 세계 최초의 종이는 나일 강변의 이 식물로 만들었어. 종이의 이름이기도 한 이 식물은 뭘까?

① 가시오가피　② 파피루스
③ 패다라

59 우리 종이 한지는 이 나무의 껍질로 만들어. 이 나무는 뭘까?

① 소나무　② 벗나무
③ 닥나무

60 종이의 원료는 나무를 잘게 부수어 만들어. 이런 종이의 원료를 뭐라고 할까?

① 펄프　② 양지
③ 목재

정답과 해설은 뒤쪽에 있어.

식물과 옷감 1

식물과 옷감 2

정답 49.①, ③ 50.③ 51.①

처음에 사람들은 가죽과 식물로 옷을 만들어 입었어요. 특히 식물로 만든 옷은 뜨거운 햇빛과 벌레를 막아 줬어요.

그러다 한 곳에 모여 살면서 삼이라는 질긴 풀로 옷감을 짜서 옷을 만들었어요. 이게 바로 우리 나라 최초의 옷감인 삼베예요.

옛날에는 신발도 식물로 만들었어요. 짚신은 짚을 꼬아 만든 신발이고, 나막신은 나무를 깎아 만든 신발이에요.

정답 52.② 53.① 54.③

삼베는 삼의 줄기 부분을 잘게 쪼개서 실을 만들어 짠 우리 나라 최초의 옷감이에요.

무명은 문익점이 중국에서 들여온 목화로 만들었어요. 주로 추운 겨울에 입는 무명은 솜처럼 생긴 목화의 열매로 만들어요.

삼베나 무명처럼 식물로 만든 옷감은 화학 섬유보다 땀 흡수를 잘 하고 부드러워요. 그래서 피부에 직접 닿는 속옷에 많이 써요.

식물과 집

종이

정답 55. ② 56. ① 57. ③

맨 처음 집인 움집은 땅을 파고 나무 기둥을 세운 다음 풀과 나뭇가지로 지붕을 덮어서 지었어요.

집의 기둥은 대부분 소나무로 세우는데, 소나무 진액인 송진 때문에 잘 썩지 않기 때문이에요.

옛날엔 구하기 쉬운 재료로 지붕을 얹었어요. 벼농사를 짓는 농촌에서는 볏짚을 얹은 초가집이, 나무가 많은 산간 지역에서는 나무 조각을 얹은 너와집이 많았어요.

정답 58. ② 59. ③ 60. ①

세계 최초의 종이인 파피루스는 나일강변의 식물로 만들었어요. 이 식물의 이름이 바로 파피루스예요.

종이는 나무껍질을 없애고 잘게 부숴 종이 원료인 펄프를 만든 후 여러 과정을 거쳐 만들어요.

종이는 모든 나무로 만들 수 있지만, 닥나무 껍질로 만든 한지가 제일 질기고 오래가요. 왜냐하면 닥나무의 섬유질이 길고 질기기 때문이에요.

126-127쪽 정답이야.

집중탐구 퀴즈

문제를 잘 읽고 맞는 것을 골라봐. 쉽지 않을걸!

나무의 활용

내일 비 온다는데 어쩌지?

옻칠 했으니까 걱정 마.

옷? 입는 옷을 칠해?

비 맞으면 금방 썩을 텐데.

연료

나쁜 냄새 후~

나쁜 공기 후~

우리는 천연 공기 청정기

61 예부터 나무그릇이 물에 닿아도 썩지 않도록 이것을 칠했어. 이것은 뭘까?

① 기름　　② 석회　　③ 옻

62 장롱이나 악기를 만들 땐 오동나무를 쓰는 게 좋아. 왜 그럴까?

① 습기와 열에 강해서
② 결이 고와서
③ 껍질이 두꺼워서

63 사람들이 맨 처음 만든 배는 통나무로 만든 뗏목이야. 어떻게 만들었을까?

① 통나무를 엮어서
② 통나무 속을 파내서
③ 통나무 껍질을 엮어서

64 석유는 이것이 썩어서 오랫 동안 땅 속에 묻혀 있는 거야. 이것은 뭘까?

① 풀　　　　② 동물의 시체
③ 바닷말

65 숯은 나무가 타고 남은 잿덩어리야. 다음 중 숯을 방에 두면 좋은 점은 뭘까?

① 나쁜 냄새가 없어져.
② 방이 따뜻해져.

66 석유값이 너무 오르자, 브라질에서는 이것을 원료로 연료를 만들어 써. 이 식물은 뭘까?

① 야자나무　　② 사탕수수
③ 옥수수

소나무

아이고! 600년을 살았더니 가지에 힘이 없네!

정이품송 할아버지 조금만 힘내세요.

고무나무

쟤는 웬 상처가 저렇게 많아?

치료하려고 유액 만들면 뭐하냐고.

사람들이 유액 가져가려고 상처를 낸 거래.

유액 가져가면서 멀테카솔이라도 발라 주던지….

67 소나무의 송진은 접착제, 연료, 약 등의 원료로 쓰여. 송진은 무엇일까?

① 소나무 껍질
② 소나무 꽃가루
③ 소나무 진액

68 송편을 찔 때 소나무 잎을 깔고 찌면 좋아. 왜 그럴까?

① 빨리 익어서
② 맛이 좋아져서
③ 오래 보관할 수 있어서

69 소나무 중에는 벼슬을 가진 나무가 있어. 다음 중 무엇일까?

① 금강송　　② 석송령
③ 정이품송

70 고무는 고무나무의 유액으로 만들어. 유액은 어떻게 얻을까?

① 줄기 껍질에 상처를 내서
② 열매에서 즙을 짜서
③ 뿌리를 으깨서

71 사포딜라 고무나무의 유액을 달이면 껌의 원료가 돼. 이것을 뭐라고 할까?

① 자일리톨　　② 캐러멜
③ 치클

72 고무나무는 사람들이 가져다 쓸 유액을 왜 흘릴까?

① 해충을 막으려고
② 상처를 치료하려고
③ 동물을 유혹하려고

정답과 해설은 뒤쪽에 있어.

나무의 활용

연료

정답 61. ③ 62. ① 63. ①

옻나무의 액은 광택을 내고 썩지않게 하는 성분이 있어서 나무그릇에 옻칠을 하면 오래오래 쓸 수 있어요. 이렇게 옻칠을 한 그릇을 칠기라고 해요.

오동나무는 잘 뒤틀리지 않고, 가벼워요. 또 습기와 열에 강하기 때문에 악기, 장롱 등을 만드는 데 많이 사용해요.

사람들이 맨 처음 만든 뗏목은 통나무를 엮어 만들었어요. 그러다 큰 나무 속을 파내서 배를 만들었어요.

정답 64. ② 65. ① 66. ②

석유는 세계에서 가장 많이 사용하는 연료예요. 석유는 동물의 시체가 오랫동안 땅에 묻혀 썩어서 만들어져요.

숯은 나무가 타고 남은 잿덩어리예요. 원래 집을 따뜻하게 하는 연료로 쓰였지만, 요즘은 냄새를 없애고 공기를 맑게 하는 데 쓰여요.

브라질에서는 사탕수수로 자동차 연료인 에탄올을 만들어 써요.

소나무

정답 67. ③ 68. ③ 69. ③

소나무는 여러 곳에 쓰여요. 소나무의 진액인 송진은 연료나 접착제를 만드는 데 사용해요. 또 솔잎은 송편을 찔 때 넣어요. 나쁜 균을 없애는 성분이 들어 있어 송편을 오래 보관할 수 있기 때문이에요.

옛날엔 소나무가 나쁜 귀신을 쫓는다고 믿어서 아기가 태어나면 솔가지를 문 앞에 걸어 두었어요.

정이품송은 충북 보은에 있는 소나무로 세조가 행차할 때 스스로 나뭇가지를 들어서 지나가게 하여 정이품의 벼슬을 받았다고 전해져요.

고무나무

정답 70. ① 71. ③ 72. ②

고무는 고무나무 줄기에 상처를 내어 얻은 유액으로 만들어요. 그런데 유액은 고무나무에게는 상처를 치료하려고 흘리는 상처 치료제예요. 고무는 지우개, 잠수복, 타이어 등을 만드는 데 쓰여요.

우리가 즐겨 씹는 껌은 사포딜라무나무 유액으로 만들어요. 이 유액을 불에 달이면 껌의 재료인 치클이 만들어져요.

집중탐구 퀴즈

문제를 잘 읽고 맞는 것을 골라봐. 쉽지 않을걸!

약초	의약품

벌레 물면!

애기똥풀 즙을 발라 주세요!

가려워! 모기 녀석이 또 물었네?

왜 이렇게 많이 모인 거야?

파라오가 몸집이 굉장히 큰가 봐.

자, 자! 귀하신 파라오님 썩지 않게 잘 하자고!

73 인삼은 우리 몸의 수많은 병을 낫게 할 만큼 약효가 뛰어나. 어떤 성분 때문일까?

① 섬유소　　② 비타민
③ 사포닌

74 쇠뜨기 줄기는 오줌이 안 나올 때 먹는 약초야. 그럼 민들레 뿌리는 언제 먹는 약초일까?

① 기침이 날 때　② 배가 아플 때
③ 머리가 아플 때

75 애기똥풀 즙은 벌레 물린 데 바르면 좋지만 먹으면 안 돼. 왜 그럴까?

① 독이 있어서
② 맛이 너무 써서
③ 냄새가 지독해서

76 옛날엔 양귀비의 이것에서 얻은 즙을 말려서 마취제 대신 썼어. 뭘까?

① 꽃잎　　　　② 열매
③ 뿌리

77 고대 이집트에선 미라를 만들 때 계피를 썼어. 어떤 용도였을까?

① 시체를 닦는 데
② 시체를 꾸미는 데
③ 시체를 썩지 않게 하는 데

78 이 식물의 껍질로 머리가 아프거나 열을 내릴 때 쓰는 아스피린을 만들어. 뭘까?

① 버드나무　　② 아카시아
③ 은행나무

미용

> 쟤들이 뭘 모르네! 네일아트의 선구자는 나 봉숭아라고!

> 와! 손톱 매니큐어 예쁜데?

생활용품

> 그렇지? 종이를 좀 비싼 걸 붙였더니 좋긴 좋네.

> 하회탈 영감! 얼굴색이 좋아졌네?

79 손톱에 봉숭아 물을 더 곱고 진하게 들이고 싶어. 뭘 넣으면 좋을까?

① 소금이나 백반
② 식용유나 참기름
③ 설탕이나 밀가루

80 옛날 여자들은 머리에 동백나무의 이것을 발라 치장했어. 이것은 무엇일까?

① 꽃가루　　② 씨의 기름
③ 줄기의 수액

81 식물의 사포닌 성분으로 비누를 만들어. 사포닌은 어떤 역할을 할까?

① 초록색을 내.
② 곰팡이를 죽어.
③ 거품을 만들어.

82 죽부인은 여름에 더위를 식히기 위해 안고 자던 물건이야. 어떤 나무로 만들었을까?

① 차가운 대나무
② 튼튼한 오동나무

83 화문석은 꽃무늬가 들어간 돗자리로, 우리 나라에서만 나는 이 식물로 짜. 이 식물은 뭘까?

① 왕골　　　② 대나무
③ 지푸라기

84 나무에는 색칠이 쉽지 않은데 나무 탈에는 색칠이 잘 돼. 어떻게 한 걸까?

① 나무를 염색을 했어.
② 나무에 기름을 발랐어.
③ 나무에 종이를 붙였어.

정답과 해설은 뒤쪽에 있어.

집중탐구 퀴즈 정답&해설

약초

의약품

정답 73. ③ 74. ① 75. ①

옛부터 약초로 사용한 식물이 있어요. 쇠뜨기 줄기는 오줌이 안 나올 때 먹고, 민들레 뿌리는 기침이 심할 때 달여 마시면 좋아요.

애기똥풀 즙은 벌레 물려 가려운 데 바르면 좋아요. 하지만 애기똥풀은 독이 있어서 먹으면 안 돼요.

인삼에는 사포닌이란 성분이 많이 들어 있어서 우리 몸의 수많은 병을 낫게 할 만큼 약효가 뛰어나요. 그 약효는 우리 나라뿐만 아니라 세계적으로도 인정받았어요.

정답 76. ② 77. ③ 78. ①

양귀비는 사람이 이용한 식물 중 가장 오래된 약초예요. 양귀비 열매에는 기분을 좋게 하고 감각을 마비시키는 성분이 들어 있어 마취제나 진통제로 쓰였어요.

계피에는 물건을 썩지 않게 하는 성분이 들어 있어요. 그래서 고대 이집트인들은 미라를 만들 때 계피를 방부제로 사용했어요.

머리 아플 때나 열을 내릴 때 먹는 아스피린은 버드나무로 만들어요.

미용

생활용품

정답 79.① 80.② 81.②

봉숭아는 꽃의 색깔에 관계 없이 주황색 색소가 있어 손톱에 물이 잘 들어요. 소금이나 백반을 넣으면 더 곱고 진하게 물이 들어요.

옛날 여자들이 머리 모양을 내는 데 즐겨 썼던 동백기름은 동백나무의 씨를 짜서 만들어요.

식물은 사포닌으로 곰팡이를 없애서 몸을 보호하는데, 갈거나 으깨면 거품을 만들어 내요. 이 사포닌 성분으로 비누를 만들 수 있어요.

정답 82.① 83.① 84.③

여름 밤에 시원하게 껴안고 자는 죽부인은 차가운 성질을 띤 대나무로 만들었어요.

화문석은 왕골에 물을 들여 꽃무늬를 넣어 짠 돗자리예요. 왕골이 우리 나라에만 자라는 특별한 식물이라 화문석도 세계에서 유일하게 우리 나라에서만 만들어져요.

하회탈은 주로 오동나무로 만들어요. 오동나무에 색이 잘 입혀지지 않아서 탈에 종이를 여러 겹 붙인 후 색을 입혀요.

134-135쪽 정답이야.

집중탐구 퀴즈

문제를 잘 읽고 맞는 것을 골라봐. 쉽지 않을걸!

예술

조용히 해라! 액운 들어올라.

오빠들, 너무 무서워요. 스마일!

그런가?

네 표정은 너무 굳었다.

놀이

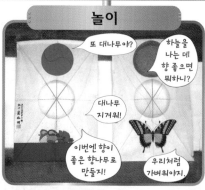

또 대나무야?

하늘을 나는 데 향 좋으면 뭐하니?

대나무 지겨워!

이번엔 향이 좋은 향나무로 만들지!

우리처럼 가벼워야지.

---

85 옛날에는 마을 입구에 험악하지만 익살스러운 표정의 장승을 세웠을까?

① 복을 빌려고
② 액운을 막으려고
③ 적을 감시하려고

86 나무로 만든 피아노가 플라스틱으로 만든 피아노보다 좋은 점은 뭘까?

① 소리가 커.
② 울림이 좋아.
③ 소리가 다양해.

87 나무판에 새긴 그림이나 그림을 새긴 판 위에 물감을 칠해 찍어 낸 그림을 뭐라고 할까?

① 목탄화　　② 목판화
③ 석판화

88 버들피리는 버들가지로 만든 피리야. 어떻게 만들까?

① 잎을 돌돌 말아서
② 가지를 잘라 속을 잡아 빼서
③ 가지를 잘라 한쪽을 눌러서

89 연은 하늘을 잘 날게 가벼운 나무로 살을 붙여. 이 나무는 뭘까?

① 대나무　　② 소나무
③ 잣나무

90 옛날 궁중이나 양반집에서는 화살을 항아리에 던져 넣는 놀이를 했어. 이 놀이는 뭘까?

① 자치기　　② 격구
③ 투호

숲의 보존

이상한 냄새 안 나?

내 방귀가 그렇게 독했나?

아! 상쾌해. 숲이 좋긴 좋아.

기록

축구 경기장이 얼마나 커?

길이 100〜110m에 폭 64〜75m. 왜 축구장 만들게?

아니, 숲이 1분에 축구장 20개 만큼씩 사라진대.

91 다음 중 숲을 지키는 방법은 뭘까?

① 학용품 아껴 쓰기

② 일회용품 쓰기

③ 산 속에서 야영하기

92 나무를 베어 숲이 사라지는 속도와 나무가 자라 숲이 만들어지는 속도 중에 무엇이 더 빠를까?

① 숲이 사라지는 속도

② 숲이 다시 만들어지는 속도

93 숲은 공기를 맑게 하는 것 외에 어떤 도움을 줄까? (답은 2개)

① 홍수와 산사태를 막아 줘.

② 산불을 막아 줘.

③ 가뭄을 막아 줘.

94 큰 나무 한 그루가 만들어 내는 산소로 몇 사람이 숨 쉴 수 있을까?

① 1명　　② 2명　　③ 4명

95 한 사람이 1년 동안 쓸 종이나 목재 등을 만드는 데 얼마나 많은 나무가 필요할까?

① 1그루　　　　② 3그루

③ 7그루

96 세계의 큰 숲들이 사라지고 있어. 1분에 얼마만큼씩 사라지고 있을까?

① 교실 1개만큼

② 학교 운동장만큼

③ 축구 경기장 20개만큼

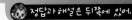

정답과 해설은 뒤쪽에 있어.

집중탐구 퀴즈 정답 & 해설

예술

놀이

정답 85.② 86.② 87.②

옛날 마을 입구엔 액운을 막기 위해 장승을 세웠어요. 나무도 구하기 쉽고 만들기도 쉬워서 다양한 표정의 장승이 많아요.

원래 피아노는 몸체와 건반은 물론 속 안의 부속까지 모두 나무로 만들었어요. 그래서 전자 오르간보다 소리 울림이 좋아요.

목판화는 나무판에 그림을 새기거나 그림을 새긴 판 위에 물감을 칠해 찍어 낸 그림을 말해요.

정답 88.② 89.① 90.③

식물로 피리를 만들 수 있어요. 버들피리는 가지를 잘라 속을 잡아 빼내면 원통형 피리가 돼요. 또 보릿대와 민들레의 속대 한쪽을 납작하게 눌러 불면 피리가 만들어져요.

연은 하늘을 잘 날 수 있게 한지에 가벼운 대나무로 살을 만들어요.

투호는 옛날 궁에서 양반이나 왕족들이 활을 통에 던져 넣던 놀이예요. 활 대신 긴 나뭇가지를 던지기도 했어요.

140

숲의 보존

토 라는 왜 필기 안 하니?

지구의 숲을 보존하려면 종이를 아껴야지요.

그걸 지금 핑계라고 대냐!

기록

지구에서는 1분에 축구 경기장 20개 크기의 열대 우림이 사라지고 있대.

지구인들이 지금이라도 환경 보호에 더 신경을 써야 할 텐데….

뿅~

정답 91.① 92.① 93.①, ③

숲은 산소를 내보내 공기를 맑게 해 줘요. 또 비가 많이 오면 물을 빨아들여 홍수를 막아 주고, 비가 오지 않으면 물을 내보내 가뭄을 막아 주지요.

인구가 늘면서 가구처럼 나무로 만든 물건이 많이 필요해졌어요. 그래서 나무를 많이 벴고요. 벤 만큼 나무를 심지만 나무가 자라는 속도보다 베는 속도가 더 빨라서 숲은 점점 사라지고 있어요.

일회용품 사용을 줄이고, 학용품을 아껴쓰면 숲을 보호할 수 있어요.

정답 94.③ 95.③ 96.③

큰 나무 한 그루는 4명이 숨을 쉴 수 있는 산소를 만들어요. 하지만 지금 이 순간에도 1분에 축구 경기장 20개 면적의 열대 우림이 파괴되고 있어요. 이대로 계속 숲이 파괴되면 몇 십 년 안에 지구에서 열대 우림이 사라질지도 몰라요.

한 사람이 1년 동안 쓸 목재를 만들려면 7그루의 나무가 필요해요. 지구 인구가 약 60억이니까, 1년에 420억 그루가 사라지는 거예요.

138-139쪽 정답이야.

1 식물이 주는 유익

4학년

과수원

가로수

분재

파

1. 식물은 모두 날 것으로는 먹는다. (○ , ×)

2. 식물은 먹을거리를 제공한다. (○ , ×)

3. 식물은 공기를 맑게 하고 볼 거리를 제공한다. (○ , ×)

2 식물이 이용되는 예

4학년

과일

약쑥

로즈마리

삼베

식물의 이용 방법과 그 예로 알맞은 것에 ○표 하세요.

1. 먹는 것 (분재 , 과일)

2. 옷으로 만든 것 (삼베 , 허브)

3. 휴식과 아름다움을 주는 것 (가로수 , 자연 살충제)

기대하시라!

3 식물의 이로운 점   4학년

오른쪽 사진은 산사태가 난 모습입니다.
식물이 많으면 산사태를 막아줍니다.
산사태를 막으려면~

1. 사방공사를 하여 잔디를 많이 심는다. (○ , ×)
2. 나무를 많이 심는다. (○ , ×)
3. 경사진 곳에 계단식 논을 만든다. (○ , ×)
4. 산의 나무를 베어 집을 짓는다. (○ , ×)

4 식물의 이용   4학년

책   화장지   분재   삼베

1. 곡식, 채소, 과일 등을 먹는다. (○ , ×)
2. 목화와 삼으로 옷을 만들어 입는다. (○ , ×)
3. 산삼이나 인삼 등을 장식용으로 사용한다. (○ , ×)
4. 좋은 향을 내기 위해 허브 식물을 사용한다. (○ , ×)

교과서 도전 퀴즈

학교 시험에는 어떻게 나올까? 도전해봐!

정답 142쪽

---

5 숲이 주는 이로움   4학년

1. 숲은 공기를 맑게 해 준다. (○ , ×)

2. 숲에 나무가 많으면 산사태가 일어난다. (○ , ×)

3. 홍수나 가뭄을 완화시킨다. (○ , ×)

---

6 식물이 이용되는 예   4학년

용도	이용되는 예
음식으로 이용	배추, 상추, 딸기, 도라지 등
약으로 이용	산삼, 도라지, 당귀, 결명자, 알로에 등
염료로 이용	봉숭아, 홍화, 창포 등
옷감으로 이용	목화, 모시, 등
목재로 이용	소나무, 오동나무 등

1. 알로에는 염료로 이용된다. (○ , ×)

2. 봉숭아는 약재로 이용된다. (○ , ×)

3. 도라지는 약으로도, 음식으로도 이용된다. (○ , ×)

142쪽 정답 **1** 1. × 2. ○ 3. ○ **2** 1. 과일 2. 삼베 3. 가로수

144

7 조상들의 식물의 이용　　　　　　　　　　　　　　　　4학년

수세미	멍석	키
짚신	주걱	지게

1. 돗자리는 주로 소나무로 만들어 썼다. (○ , ×)

2. 수세미는 거칠거칠하여 그릇을 닦는 데 이용했다. (○ , ×)

3. 소쿠리나 짚신은 낟알을 떨고 난 짚으로 주로 만들었다. (○ , ×)

4. 조상들은 주로 소나무를 목재로 많이 이용했다. (○ , ×)

5. 나무로 만든 농기구로는 지게, 쟁기, 풍구, 물레통 등이 있다. (○ , ×)

6. 멍석은 주로 나무를 따서 만들었다. (○ , ×)

4 Round

재료의 이용

stage 2

집중탐구 퀴즈

액체·물
기체·이산화탄소
고체·드라이아이스
도자기·옹기
옷의 역사·면
청바지·털옷
집 재료의 역사·집 재료의 종류
가죽·가죽의 종류

● 속담 퀴즈

● 또또 퀴즈

stage 1

● ○× 퀴즈

● 있다없다 퀴즈

● 네모 퀴즈

● 사다리 퀴즈

● 왜?왜? 퀴즈

stage 3

집중탐구 퀴즈

stage 4

교과서 도전 퀴즈

정답 150쪽

1 지우개는 일정한 모양이 없다.

2 물은 일정한 모양이 있다.

3 도자기는 흙으로 만든다.

4 우유는 액체이다.

5 연필은 고체이다.

6 가루물질은 고체가 아니다.

7 이산화탄소를 얼리면 드라이아이스가 된다.

8 김치를 항아리에 보관하면 더 맛있다.

각 쪽을 잘 보고, 답을 맞춰봐. 누가 더 많이 맞췄을까……

있다없다 퀴즈

있을까? 없을까? 알쏭달쏭~~ 비밀의 문을 열어봐!

정답 151쪽

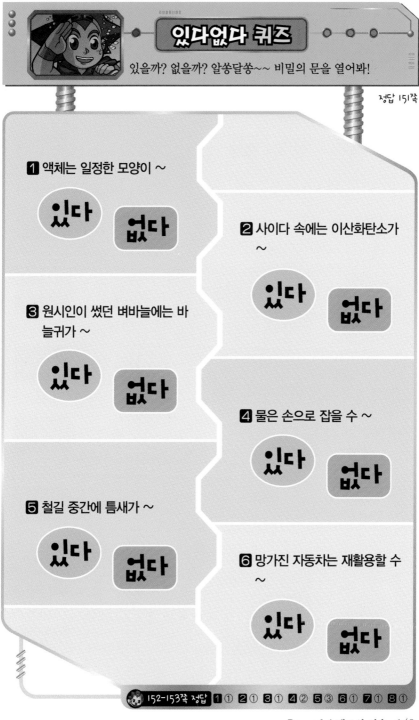

1 액체는 일정한 모양이 ~

있다   없다

2 사이다 속에는 이산화탄소가 ~

있다   없다

3 원시인이 썼던 뼈바늘에는 바늘귀가 ~

있다   없다

4 물은 손으로 잡을 수 ~

있다   없다

5 철길 중간에 틈새가 ~

있다   없다

6 망가진 자동차는 재활용할 수 ~

있다   없다

152~153쪽 정답 **1**① **2**① **3**① **4**② **5**③ **6**① **7**① **8**①

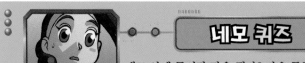

네모 퀴즈

네모 안에 들어갈 말은 뭘까? 답은 둘중 하나!

정답 152쪽

1 물이 스며들지 않는 옷을 ▢ 이라 한다. ····· 방수복 〉 방탄복

2 기체는 물에 ▢ . ·························· 녹는다 〉 녹지 않는다

3 콜라 속에 들어 있는 기체는 ▢ 이다. ····· 질소 〉 이산화 탄소

4 옛날 벼농사를 짓던 우리 조상들이 살던 집은 ▢ 이다. ········ 움집 〉 초가집

5 원시인이 살았던 집은 ▢ 이다. ············ 움막 〉 기와집

6 게르는 나무 기둥과 ▢ 을 이용해 짓는다. ········ 양털 〉 종이

7 고무나무에서 얻는 유액은 ▢ 이다. ········· 흰색 〉 검은색

8 종이가 발견되기 전에는 ▢ 에 글을 썼다. ··· 양피지 〉 나뭇잎

148쪽 정답 **1** × **2** × **3** ○ **4** ○ **5** ○ **6** × **7** ○ **8** ○

150

사다리 퀴즈

알쏭달쏭 수수께끼! 사다리를 타면 답이 나와.

정답 153쪽

1 물에서 태어났지만 물에 들어가면 사라지는 것은?

2 불면 불수록 배불러지는 것은?

3 들어간 사람은 볼 수 없는 것은?

4 아무리 날카로운 칼로도 벨 수 없는 것은?

5 죽은 죽인데 끓여 먹을 수 없는 죽은?

6 잘못하면 와서 머리를 문지르는 것은?

7 든 것은 많은데 무겁지 않은 것은?

8 병은 병인데 약으로 못 고치는 병은?

지우개

관

신문

가죽

풍선

물

유리병

소금

149쪽 정답 **1** 없다 **2** 있다 **3** 없다 **4** 없다 **5** 있다 **6** 있다

🔵 왜 도자기는 사기 밥그릇처럼 반들거릴까?

① 유약을 발라서
② 기름을 발라서
③ 방수제를 발라서

🔵 왜 변기는 대부분 도자기로 만들까?

① 똥오줌 독을 잘 막아서
② 똥오줌 독을 잘 빨아들여서
③ 똥오줌 독을 잘 녹여서

🔵 왜 욕실은 변기뿐만 아니라 세면대와 바닥의 타일 모두 도자기로 만들까?

① 물과 세제에 강해서
② 때가 타지 않아서
③ 가벼워서

🔵 왜 피노키오는 불을 쬘 때 조심해야 할까?

① 나무 몸이 뒤틀리니까
② 나무 몸이 타니까
③ 나무 몸이 썩으니까

왜 설거지할 때는 고무장갑을 껴야 할까?

① 뾰족한 것에 긁히지 말라고
② 불에 타지 말라고
③ 물에 젖지 말라고

왜 클립은 자석에 붙는데 10원짜리 동전은 자석에 붙지 않을까?

① 철만 끌어당겨서
② 흰 금속만 끌어당겨서
③ 작은 금속만 끌어당겨서

왜 알루미늄은 다른 무엇보다도 꼭 재활용하는 게 좋을까?

① 만드는 데 돈이 많이 들어서
② 절대로 썩지 않아서
③ 쓰레기의 양이 너무 많아서

왜 유리가 깨질까?

① 유리 알갱이가 불규칙하게 붙어서
② 유리 알갱이가 가지런하게 붙어서
③ 유리 알갱이가 촘촘하게 붙어서

151쪽 정답 **1** 소금 **2** 풍선 **3** 관 **4** 물 **5** 가죽 **6** 지우개 **7** 신문 **8** 유리병

액체

난 별 모양이 되고 싶었는데….

담는 것에 따라 달라지는 액체의 운명!

물

부러우면 너도 살 빼라!

언제까지 위에 있을 건데?

1 주스를 마시다 흘렸어. 주스는 왜 그냥 주르르 흘러내릴까?

① 정해진 모양이 없어서
② 정해진 냄새가 없어서
③ 정해진 맛이 없어서

2 물은 모양이 없어서 어떤 모양의 그릇에도 담을 수 있어. 이런 물질의 상태를 뭐라고 할까?

① 고체   ② 액체
③ 기체

3 다음 중 물처럼 액체인 것을 모두 찾아 봐.

기름, 설탕, 우유, 아이스크림

4 설탕을 고춧가루에 섞으면 보이는데, 물에 섞으면 안 보여. 왜 그럴까?

① 물에 녹아서
② 색이 변해서
③ 바람에 날아가서

5 다음 중 물에 녹는 것을 모두 골라 봐.

소금, 분유, 클립, 공기

6 미역국에 참기름을 한 방울 넣었어. 참기름은 어떻게 될까?

① 사르르 녹아.
② 둥둥 떠.
③ 풍덩 가라앉아.

기체

이산화탄소

7 과자 봉지는 빵빵해. 과자 봉지를 빵빵하게 만드는 것은 무엇일까?

① 출렁출렁 물
② 부슬부슬 흙
③ 빵빵한 질소

8 과자 봉지를 뜯었을 때 과자 봉지를 빵빵하게 한 질소는 어떻게 된 걸까?

① 공기 중으로 날아갔어.
② 과자 속으로 들어갔어.
③ 봉지 속으로 파고들었어.

9 질소는 분명 있는데 눈에 보이지도 않고 잡을 수도 없어. 이런 상태의 물질을 뭐라고 할까?

① 고체   ② 액체
③ 기체

10 물은 밍밍한데 사이다는 톡 쏘는 맛이 있어. 왜 그럴까?

① 뽀글뽀글 거품 때문에
② 투명한 색 때문에
③ 잘록한 병 모양 때문에

11 사이다의 톡 쏘는 맛을 내는 거품은 뭘까?

① 풍선을 뜨게 하는 헬륨 가스
② 시원한 맛을 내는 이산화탄소
③ 우리가 마시는 산소

12 사이다 뚜껑을 한참 열어 놓으면 톡 쏘는 맛이 없어져. 왜 그럴까?

① 이산화탄소가 날아가서
② 이산화탄소가 녹아서
③ 이산화탄소가 굳어서

정답과 해설은 뒤쪽에 있어.

집중탐구 퀴즈 정답 & 해설

액체

물

정답 1.① 2.② 3.기름, 우유

물, 우유, 주스와 같이 흐르는 물질을 액체라고 해요. 우리 주위에 있는 모든 물건은 액체, 기체, 고체 세 종류의 물질로 이루어져 있는데, 그중 액체는 정해진 모양이 없어서 그릇에 담지 않으면 주르르 흘러내려요. 또 담는 그릇에 따라 모양이 달라져요.

액체는 온도에 따라 기체, 고체로 변하기도 해요. 물(액체)을 끓이면 수증기(기체)가 되고, 얼리면 얼음(고체)이 되는 것처럼요.

정답 4.① 5.소금, 분유, 공기 6.②

액체는 다른 물질을 녹일 수 있어요. 물을 예로 들면, 집에서 쓰는 세제, 아기 분유, 코코아 가루, 커피, 설탕, 소금 같은 물질은 모두 물에 잘 녹아요.

기체도 물에 녹아요. 탄산음료를 땄을 때 뽀글뽀글 올라오는 공기방울 봤죠? 물에 녹아 있던 이산화탄소 기체예요.

하지만 기름, 밀가루, 흙, 쇠 같은 물질은 물에 녹지 않아요. 특히 기름은 물 위에 둥둥 떠요.

기체

이산화탄소

정답 7. ③ 8. ① 9. ③

기체는 대부분 냄새가 나지 않고, 색깔도 없어서 잘 보이지 않아요. 또 손으로 잡을 수도 없어요. 수증기, 산소, 질소, 헬륨 같은 물질이 기체에 속해요. 이 중 산소는 아주 중요해요. 산소가 없으면 숨을 쉴 수 없답니다.

과자 봉지를 빵빵하게 만드는 질소는 과자 맛을 유지시키고, 과자가 부서지는 것을 막아요. 하지만 가벼워서 봉지를 뜯으면 금방 공기 중으로 날아가 버려요.

정답 10. ① 11. ② 12. ①

콜라, 사이다 같은 탄산음료에는 이산화탄소가 녹아 있어서, 마셨을 때 톡 쏘는 맛이 나요. 이산화탄소는 물이 차갑고 압력이 높을수록 더 잘 녹아요. 그래서 미지근한 콜라보다 차가운 콜라가 톡 쏘는 맛이 더 강해요.

물 속에 녹아 있는 이산화탄소는 공기 중으로 날아가려는 성질이 있어요. 그래서 콜라의 뚜껑을 오래 열어 두면 이산화탄소가 다 날아가 맛이 밍밍해져요

154-155쪽 정답이야.

고체	드라이아이스

13 주전자는 모양이 있어서 볼 수도 있고 만질 수도 있어. 이런 상태의 물질을 뭐라고 할까?

① 고체　　　　② 액체
③ 기체

14 소금은 아주 작은 알갱인데 물에 녹아. 고체일까, 액체일까?

① 모양도 있고 보고 만질 수 있으니까 고체
② 물에 녹으니까 액체

15 소금과 설탕은 모두 흰색에다 모양도 비슷해. 어떻게 구분할까?

① 냄새를 맡아.
② 맛을 봐.
③ 소리를 들어.

16 가게의 아이스크림 냉장고엔 흰 연기가 나는 덩어리가 있어. 이건 무엇일까?

① 얼음　　② 드라이아이스
③ 차갑게 얼린 돌

17 얼음은 액체인 물을 얼린 거야. 드라이아이스는 뭘 얼린 걸까?

① 우유　　　　② 설탕
③ 이산화탄소

18 얼음은 그냥 손으로 만지지만, 드라이아이스는 왜 장갑을 끼고 만져야 할까?

① 너무 차가워 동상 걸릴까 봐
② 너무 뜨거워 화상 입을까 봐

도자기

진짜 도자기는 뜨거운 가마를 견뎌야 해!

세계가 반하는 청자가 되겠어!

땔감 타기 전에 어서 들어와!

옹기

그럼, 그럼.

공기 들어오고, 습기 나가 주고!

된장은 옹기에 담아야 제 맛이지!

19 도자기는 흙으로 만들어. 다음 중 도자기로 만든 건 무엇일까?

① 유리잔

② 스테인리스 대접

③ 사기 밥그릇

20 흙 반죽은 물렁물렁한데 도자기는 단단해. 어떻게 단단하게 만든 걸까?

① 미지근한 바닷물에 담가서

② 뜨거운 불 속에 구워서

③ 찬 냉동실에 얼려서

21 도자기는 아주 뜨겁게 오랫동안 구워. 어디에서 구울까?

① 가마   ② 가스레지

③ 오븐

22 우리는 예부터 김치를 담갔어. 조상들은 김치를 어디에 보관했을까?

① 플라스틱 통

② 유리그릇

③ 진흙 항아리

23 플라스틱 통에 담은 김치는 오래되면 시지만, 항아리에 담으면 시지 않아. 왜 그럴까?

① 공기와 습기가 드나들어서

② 흙과 빗물이 드나들어서

24 항아리는 진흙과 가는 모래로 만들어. 이렇게 만든 그릇을 뭐라고 할까?

① 유기   ② 옹기

③ 종기

정답과 해설은 뒤쪽에 있어.

집중탐구 퀴즈 정답 & 해설

고체

드라이아이스

정답 **13.** ① **14.** ① **15.** ②

고체는 주전자, 연필, 가위처럼 단단하고 일정한 모양이 있어서 손으로 집을 수 있어요.

고체, 액체, 기체는 겉보기로 구별할 수 있어요. 색, 냄새, 맛, 모양이 각기 다르거든요. 소금과 설탕은 고체면서 흰가루로 모양이 비슷하지만 맛이 달라 맛으로 구분할 수 있어요. 하지만 물질을 구분할 때 맛을 보는 것은 매우 위험해요. 먼저 어른들께 꼭 여쭈어봐야 한답니다.

정답 **16.** ② **17.** ③ **18.** ①

고체를 뜨겁게 만들면 녹아서 액체가 돼요. 얼음이 녹아 물이 되는 것처럼 말이죠. 그런데 드라이아이스는 녹으면 흰 연기가 돼요. 그건 기체인 이산화탄소를 얼렸기 때문이에요.

물은 0℃에서 얼지만, 이산화탄소는 영하 80℃까지 온도를 내려야만 드라이아이스가 돼요. 그래서 드라이아이스는 얼음보다 훨씬 더 차갑고, 냉장고에서 꺼내면 바로 연기가 돼요.

도자기

옹기

정답 19. ③ 20. ② 21. ①

도자기 하면 고려청자 같은 장식품만 떠오르죠? 그런데 사기대접, 사기 컵, 사기 꽃병같이 흙으로 만들어 구운 생활용품도 도자기라고 해요. 도자기를 만드는 과정을 볼까요? 먼저 흙을 반죽해서 원하는 모양을 만들어요. 다 빚은 그릇을 응달에서 말린 후 가마에 넣어 구워요. 가마는 도자기를 굽는 곳이에요. 구운 그릇에 유약을 바르고 다시 구워 내면 도자기가 완성된답니다.

정답 22. ③ 23. ① 24. ②

옹기는 조상들이 오랫동안 써 온 그릇으로, 뚝배기, 항아리, 장독, 단지 같은 것을 말해요.
옹기는 진흙과 가는 모래를 섞어서 만들어요. 특히 옹기 표면에 작은 구멍이 생기게 하는 가는 모래가 중요해요. 옹기는 이 구멍을 통해 옹기 속에 물기가 많으면 밖으로 내보내고, 옹기 안이 건조하면 습기를 빨아들여요. 그래서 옹기의 별명이 '숨 쉬는 그릇' 이에요.

158-159쪽 정답 이야.

집중탐구 퀴즈

문제를 잘 읽고 맞는 것을 골라봐. 쉽지 않을걸!

옷의 역사

난 역사가 길어.

추위도 나만 걸치면 거뜬히…

면

난 땀을 쏙쏙 빨아들이는 양말이 될 거야!

제발 팬티나 안 됐으면….

---

25 원시인은 무엇으로 옷을 만들었을까?
(답은 2개)

① 재배한 목화의 솜
② 풀잎, 나뭇잎, 나무껍질
③ 짐승의 털과 가죽

26 원시인이 썼던 뼈바늘에는 바늘귀가 없어. 무엇에 사용했을까?

① 가죽에 구멍 뚫기
② 가죽에 털 뽑기
③ 가죽에 그림 그리기

27 지퍼나 단추가 없던 원시인은 뭘로 옷을 여몄을까?

① 돌멩이　　② 씨앗
③ 동물의 뼈 조각

28 세수를 하면 수건으로 물기를 닦아. 무엇으로 만들까?

① 물기를 잘 빨아들이는 면
② 따뜻한 양털
③ 질긴 소가죽

29 몸에 직접 닿는 속옷은 면으로 만들면 좋아. 그 이유는 뭘까? (답은 2개)

① 향이 좋아서
② 감촉이 좋아서
③ 땀 흡수를 잘 해서

30 수건과 속옷을 만드는 면은 무엇으로 만들까?

① 목화의 꽃잎으로
② 목화의 줄기 껍질로
③ 목화의 열매 솜털로

162

청바지

편하고 멋진 청바지, 지금 입고 있나요?

태어날 때만 해도 이렇게 뜰 줄 몰랐어!

털옷

빨리 떠서 토라 선물 줘야지!

따뜻하겠다!

31 청바지는 질겨서 잘 찢어지지 않아. 청바지는 맨 처음 누가 입었을까?

① 금을 캐는 광부
② 노래하는 가수
③ 공부하는 학생

32 150년 전에 청바지를 처음 만들었을 때 옷감은 어디서 구했을까?

① 푹신한 오리털 이불
② 질긴 마차 덮개
③ 잘 늘어나는 수영복

33 청바지는 두껍고 질겨. 어떤 옷감으로 만들까?

① 비난   ② 가죽
③ 면

34 엄마가 털실로 목도리를 떠. 따뜻한 털실은 무엇으로 만들까?

① 북슬북슬 동물의 털
② 까슬까슬 장미의 가시
③ 푸근푸근 목화의 솜

35 양털은 짧은데 양털로 만든 털실은 길어. 털실을 어떻게 만들었을까?

① 하나씩 엮어서
② 매듭을 지어서
③ 손가락 사이에 넣고 비벼서

36 낙타털은 양털처럼 부드러워. 낙타털로도 털옷을 만들 수 있을까?

① 그럼, 만들 수 있지.
② 아니, 못 만들어.

정답과 해설은 뒤쪽에 있어.

집중탐구 퀴즈 정답 & 해설

옷의 역사

면

정답 **25.②, ③ 26.① 27.③**

원시인은 동물의 털이나 가죽, 풀잎이나 나뭇잎, 나무껍질로 옷을 해 입었어요.

하지만 원시인은 실도 만들 줄 모르고, 바느질도 할 줄 몰라서 지금 우리처럼 몸에 딱 맞는 옷을 만들지 못했어요. 가죽 조각은 바늘귀 없는 뼈바늘로 둘레에 구멍을 뚫고, 그 구멍에 가죽 끈을 넣어 묶어서 입었어요. 또 원시인은 단추 대신 동물 뼈를 찔러 넣어 옷을 여몄어요.

정답 **28.① 29.②, ③ 30.③**

면은 목화라는 식물에서 얻어요. 다 익은 목화 열매가 터지듯 벌어지면 그 속에 하얀 솜뭉치가 있어요. 이 솜뭉치로 실을 만들어 천을 짠 게 바로 면이에요.

면은 물기를 쏙쏙 잘 빨아들이고, 몸에 닿았을 때 감촉이 좋아요. 또 가볍고 질겨서 자주 빨아도 옷감이 상하지 않아요. 그래서 세수 수건이나 손수건, 속옷이나 목욕 가운 등을 만들 때 주로 써요.

청바지

털옷

정답 31.① 32.② 33.③

1850년대 미국 서부에서는 금 캐기 사업이 한창이었어요. 그런데 금 캐는 일은 힘들고 거칠어서 옷이 잘 찢어졌어요.

이것을 본 재단사 리바이 스트라우스는 천막 칠 때 쓰는 천으로 바지를 만들어 팔았어요. 천막 천은 두꺼운 면으로 만들어 질기고 튼튼했어요.

청바지는 곧 광부들에게 불티나게 팔렸고, 나중엔 모든 사람이 즐겨 입는 옷이 되었답니다.

정답 34.① 35.③ 36.①

따뜻한 털옷은 동물의 털로 만들어요. 양털뿐만 아니라 털이 부드러운 염소, 토끼, 낙타, 알파카의 털로도 옷을 만들 수 있어요.

털옷을 만들려면 먼저 털로 실을 만들어야 해요. 느슨한 털을 가지런히 모아 비비 꼬면 실이 돼요. 옛날에는 사람의 손이나 물레로 실을 자았지만, 요즘은 기계로 해요. 털에서 얻은 실로 담요나 카펫을 짜기도 한답니다.

162-163쪽 정답이야.

집 재료의 역사

이렇게 철근을 써야 500년도 끄떡없어!

시멘트만 발라선 소용없지!

집 재료의 종류

얼른 접어라!

얘들아, 내일 이사다!

접었다 펴기만 하면 되는데, 뭘.

37 아파트는 높은 빌딩이야. 무엇으로 만들까?

① 나무와 황토
② 동물 뼈와 가죽
③ 철근과 콘크리트

38 옛날 조상들은 초가에 살았어. 초가는 어떤 집일까?

① 볏짚으로 지붕을 이은 집
② 기와로 지붕을 얹은 집
③ 돌로 지붕을 얹은 집

39 원시인도 집을 지었어. 어떻게 지었을까?

① 큰 돌을 잘라서
② 나뭇가지를 얼기설기 엮어서
③ 철기둥을 높게 세워서

40 몽골 사람들은 초원을 떠돌며 살아. 어떤 집에서 살까?

① 물에 둥둥 떠다니는 보트집
② 접었다 폈다 할 수 있는 천막
③ 더운 날이면 녹는 얼음집

41 몽골 사람들은 이동할 때 천막을 접어서 들고 가. 천막은 무엇으로 만들까?

① 가벼운 나무와 가죽
② 딱딱한 강철과 콘크리트
③ 부드러운 플라스틱과 면

42 몽골 사람처럼 떠돌아다니며 천막을 짓고 살았던 사람은 누구일까?

① 옛날 이집트 사람
② 옛날 그리스 사람
③ 옛날 아메리카 인디언

166

가죽

난 무두질만 30번 했다고!

쳇. 난 100년이 지나도 썩지 않는다고.

가죽의 종류

난 말가죽이야.

난 아주 튼튼하지.

43 엄마가 악어 가죽 가방을 샀어. 가죽은 무엇일까?

① 동물의 피부
② 나무의 껍질
③ 열매의 속살

44 악어 껍질은 딱딱한데 악어 가죽 가방은 부드러워. 왜 그럴까?

① 부드러운 부분만 골라 써서
② 새끼 악어 피부로 만들어서
③ 가죽을 부드럽게 손질해서

45 사냥한 동물은 오래 두면 썩어. 그럼 가죽 가방도 썩을까?

① 그럼, 몇 달만 지나면 썩어.
② 아니, 썩지 않아.

46 종이가 발명되기 전에는 양피지라는 가죽에 글을 썼어. 양피지는 어느 동물의 가죽일까?

① 양   ② 소
③ 코끼리

47 속담에 사람은 죽어서 이름을 남기고 호랑이는 죽어서 가죽을 남긴대. 호랑이 가죽을 뭐라고 할까?

① 호피   ② 호미
③ 호박

48 가죽은 값이 비싸서 가죽처럼 보이는 인조 가죽을 많이 써. 인조 가죽은 뭘로 만들까?

① 나무   ② 플라스틱
③ 고무

정답과 해설은 뒷쪽에 있어.

집중탐구 퀴즈 정답&해설

집 재료의 역사

집 재료의 종류

정답 37.③ 38.① 39.②

원시인들은 집 짓는 법도 모르고 돌과 나무를 자를 도구도 없었어요. 그래서 나뭇가지로 움막을 지었죠. 벼농사를 짓던 우리 조상들은 벼를 털고 남은 볏짚으로 지붕을 얹었어요. 이런 집을 초가라고 해요.

기술이 발전한 요즘은 단단한 콘크리트와 철근으로 높은 아파트를 지어요. 좁은 땅에 많은 사람이 살아야 하기 때문이죠.

정답 40.② 41.① 42.③

몽골 사람들은 가축에게 싱싱한 풀을 먹이기 위해 초원을 떠돌아 다녀요. 이렇게 한곳에 머물지 않고 떠돌아다니는 사람을 유목민이라고 해요.

몽골 사람들의 집은 '게르(파오)'라는 천막이에요. 접을 수 있는 나무 기둥에 두꺼운 양털 천을 둘러서 접었다 폈다 하기 쉬워요. 또 들고 다니기도 좋아요. 게르는 세찬 바람에도 끄떡없고, 천막 위에 구멍이 뚫려 있어서 연기가 잘 빠져 나가요.

가죽

가죽의 종류

정답 43.① 44.③ 45.②

가죽은 동물의 껍질이에요. 질기면서 따뜻하고 공기가 잘 통해서 예부터 옷이나 신발을 만드는 데 썼어요. 동물 가죽에는 물기가 있어서 그대로 놔 두면 썩어요. 그래서 물건을 만들기 전에 손질을 하는데, 이것을 '무두질'이라고 해요. 가죽에 붙은 털, 살, 기름을 없애고 물기를 말려요. 그런 다음 가죽이 섞거나 찢어지지 않도록 약물에 담가요. 무두질이 끝나면 오래 쓸 수 있는 좋은 가죽이 돼요.

정답 46.① 47.① 48.②

유럽에서 종이가 발명되기 전에는 종이 대신 가죽 위에 글을 썼어요. 양의 가죽으로 만들었다 해서 양 양(羊)에 가죽 피(皮), '양피지'라고 해요. 나중에는 염소나 소의 가죽으로도 양피지를 만들었어요. 호랑이 가죽은 호랑이 호(虎)에 가죽 피를 써서 '호피'라 해요.

요즘은 가죽보다 값이 싼 인조 가죽을 많이 써요. 인조 가죽은 석유에서 얻은 플라스틱으로 만든답니다.

166-167쪽 정답 이야.

물에 ▨ 탄 것 같다.

➜ 사람이 자기 주장이 없다.

▨도 뜨거울 때 두드려야 한다.

➜ 무엇이든지 다 때를 놓치지 않고 알맞은 조건에서 해야 성과가 있다.

모난 돌이 ▨ 맞는다.

➜ 성질이 나쁘거나 너무 바른 사람은 남에게 미움을 받기 쉽다.

▨▨로 성 쌓기

➜ 아무리 애써도 방법이 틀렸으니 소용이 없다.

원수는 ▨▨▨ 다리에서 만난다.

➜ 꺼리고 싫어하는 대상을 피할 수 없는 곳에서 만난다.

철   물   정

모래   외나무

또또 퀴즈

정답 33쪽

다음 중 이 책에 나오지 않는 큐큐는 어느 것일까?

과연~
만만치 않을걸?

125쪽 정답 ❸

또또 퀴즈~ 정말 재미있다. 어디 어디 숨었을까?

종이

죽처럼 펄펄 끓을 땐 죽는 줄 알았어.

나무 운명에서 계란판 운명으로!

책의 재료

나는 나무로 만들었어.

중국이 어디지?

중국은 대나무에 글씨를 쓴다 하옵니다.

49 다음 중 종이로 만든 것을 모두 찾아봐.

우유팩, 솜, 계란판,
지우개, 손수건, 화장지

50 우유팩도 만들고 화장지도 만드는 종이는 무엇으로 만들까?

① 흙　　　　② 나무
③ 쇠

51 종이를 만들려면 먼저 나무를 잘게 부숴. 그 다음엔 어떻게 할까?

① 죽처럼 끓여 체로 걸러.
② 떡처럼 뭉쳐 밀대로 밀어.
③ 밀가루처럼 빻아 손으로 빚어.

52 고대 이집트에서는 이것을 잘라 책을 만들었어. 이것은 뭘까?

① 거북 등딱지
② '파피루스' 라는 식물 줄기
③ 종려나무 잎

53 종이가 발명되기 전 중국에서는 속이 빈 이 나무를 잘라 글을 썼어. 이 나무는 무엇일까?

① 대나무　　　② 잣나무
③ 밤나무

54 종이로 만든 요즘 책은 누구나 사서 볼 수 있어. 옛날에 비단이나 양피지로 만든 책도 그랬을까?

① 그럼, 흔했거든.
② 아니, 귀하고 비쌌거든.

우유팩

코팅팩을 해야 얼굴이 산다니깐.

물도 안 새고!

인쇄술

〈무구정광대다라니경〉은 이렇게 만들어 졌느니라.

〈직지심체요절〉은요?

그건 금속 활자라니깐.

---

55 우유팩은 가벼워. 우유팩은 무엇으로 만들까?

① 종이 　　　② 플라스틱
③ 알루미늄

56 우유팩은 종이로 만들었지만 찢어지지 않아. 왜 그럴까?

① 풀칠을 해서
② 비닐을 입혀서
③ 물감을 칠해서

57 종이컵은 비닐을 입혀서 물이 새지 않고 잘 찢어지지 않아. 그런데 비닐은 컵의 어느 면에 입혔을까?

① 안쪽 면 　　② 바깥쪽 면
③ 안쪽과 바깥쪽 면 둘 다

58 옛날에는 책을 찍는 인쇄기가 없었어. 그럼 어떻게 책을 만들었을까?

① 복사기로 복사해서
② 손으로 일일이 베껴서
③ 사진을 찍어 붙여서

59 인쇄가 발명된 후 책이 더 많아졌어. 왜 그랬을까?

① 종이 값이 싸져서
② 잉크 값이 싸져서
③ 책을 빨리 만들 수 있어서

60 다음 중 미래의 책으로 불리는 것은 무엇일까?

① 컴퓨터 　　② 텔레비전
③ 오디오

정답과 해설은 뒤쪽에 있어.

종이

처음엔 나무였어.

나무를 잘라.

지이잉~

나무를 잘게 갈아서 펄프로 만들어.

펄프를 기계로 누르면 종이가 돼.

책의 재료

오, 이걸 정말 식물로 만들었단 말인가?

파피루스라는 식물의 줄기로 만들었다 하옵니다.

바로 요것입니다!

정답 49. 우유팩, 계란판, 화장지
50. ② 51. ①

종이는 나무로 만들어요. 먼저 나무를 잘게 자르고 부숴요. 여기에 물과 화학 약품을 섞어 걸쭉한 펄프가 될 때까지 끓여요.
펄프는 식물에서 뽑아 낸 섬유소로, 식물을 구성하는 물질중 하나예요. 그래서 나무뿐 아니라 짚이나 풀에서도 종이의 재료인 섬유소를 얻을 수 있어요. 죽 같은 펄프를 체에 걸러 말리면 종이가 돼요. 옛날에는 이 모든 일을 손으로 했지만, 지금은 기계로해서 더 많이 만들어요.

정답 52. ② 53. ① 54. ②

요즘과 같은 종이가 발명되기 훨씬 전부터 책이 있었어요. 점토판에 글씨를 새겨 불에 구운 책도 있고, '파피루스' 라는 식물 줄기를 잘라 만든 책도 있었어요. 또, 동물의 가죽으로 만든 양피지로 책을 만들기도 했죠.
한편 중국에서는 대나무 조각을 엮어 만든 책과 비단으로 만든 두루마리 책이 있었어요. 그러나 이런 책들은 너무 귀하고 비싸서, 왕이나 귀족들만 가질 수 있었어요.

우유팩

종이를 물에 오랫동안 담가 본 적 있나요? 물에 오래 담긴 종이가 풀어져 죽처럼 돼요. 종이는 펄프가 엉겨붙은 것인데, 물이 닿으면 엉겨붙은 펄프가 풀어져서 종이가 약해져요. 그래서 종이가 물에 젖으면 더 잘 찢어지는 거예요

우유팩이나 종이컵은 비닐을 입혀서 물에 젖어도 찢어지지 않아요. 비닐은 물을 통과시키지 않거든요. 그래서 비닐이 씌워진 종이는 보송부송해요.

인쇄술

옛날 책들은 손으로 한 글자씩 써 내려갔어요. 그러다 보니 책 만드는 데 시간이 많이 걸려 책이 아주 귀했어요.

1450년대에 독일의 구텐베르크가 글자를 찍어 내는 인쇄기를 발명했어요. 인쇄기로 책을 찍자 손으로 쓸 때보다 시간이 훨씬 덜 걸리고 책도 많이 만들게 됐어요.

요즘은 컴퓨터로 모든 것을 할 수 있어요. 원하는 글, 그림을 그려 넣기도 하고, 클릭 한 번에 인쇄도 가능해졌어요.

172-173쪽 정답이야.

집중탐구 퀴즈

문제를 잘 읽고 맞는 것을 골라봐. 쉽지 않을걸!

한지

내 속에 닥나무 껍질 있다….

빨아 보셨나요? 메이드 인 코리아 한지?

고무

우리는 모두 고무 가족!

작아도 쭉쭉 늘어난다고.

---

61 한지는 우리 고유의 종이야. 한지는 뭘로 만들까?

① 닥나무 껍질
② 은행나무 껍질
③ 배나무 껍질

62 한지는 일반 종이보다 질겨. 얼마나 질길까?

① 태워서 다시 쓸 만큼
② 빨아서 다시 쓸 만큼
③ 얼려서 다시 쓸 만큼

63 한지는 왜 질길까?

① 비닐을 씌워서
② 고무가 들어가서
③ 닥나무 껍질이 질겨서

64 고무줄은 잘 늘어나. 고무줄을 만드는 고무는 어디에서 날까?

① 돌가루에서
② 고무나무에서
③ 동물의 가죽에서

65 고무는 고무나무의 유액으로 만들어. 유액은 어떻게 얻을까?

① 나무에 잎을 삶아서
② 나무에 열매를 볶아서
③ 나무에 칼집을 내서

66 고무장갑은 노랑도 있고 빨강도 있어. 원래 고무는 무슨 색일까?

① 빨강
② 하양
③ 물처럼 색깔이 없어.

플라스틱

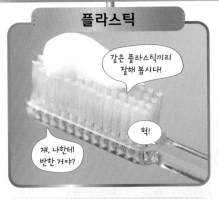

같은 플라스틱끼리
잘해 봅시다!

헉!

쟤, 나한테
반한 거야?

플라스틱 성질

플라스틱한테
안 되는 게
어디 있니?

네모, 원통….
이게 모두
플라스틱이라니!

67 칫솔의 손잡이는 플라스틱이야. 칫솔의 솔은 뭘까?

① 보송보송한 동물 털
② 가느다란 식물 줄기
③ 부드러운 플라스틱

68 플라스틱에는 떨어뜨려도 잘 깨지지 않는 성질이 있어. 이 성질을 이용해 무얼 만들면 좋을까?

① 안경알   ② 빨대
③ 비닐 하우스

69 헬멧은 단단하고 딱딱한 플라스틱으로 만들어. 가볍고 말랑한 플라스틱으론 뭘 만들 수 있을까?

① 지우개   ② 스펀지
③ 물컵

70 빨대도 스펀지도 플라스틱으로 만들어. 그럼 플라스틱은 뭘로 만들까?

① 모래   ② 석유   ③ 나무

71 우리 주변에는 플라스틱으로 만든 물건이 많아. 왜 그럴까?

① 원하는 모양으로 만들 수 있으니까
② 재료인 석유 값이 싸니까
③ 환경을 깨끗하게 지켜 주니까

72 플라스틱으로 만든 물건은 썩지 않아. 그럼 플라스틱 쓰레기는 어떻게 처리하는 게 좋을까?

① 불에 태워.   ② 땅에 묻어.
③ 재활용해.

정답과 해설은 뒤쪽에 있어.

한지

고무

정답 61.① 62.② 63.③

우리가 일반적으로 쓰는 종이는 주로 침엽수라는 나무로 만들어요. 하지만 한지는 닥나무 껍질과 닥풀로 만들어요. 한지를 만드는 닥나무의 껍질은 삼베옷을 만드는 나무껍질처럼 길고 질겨요. 그래서 한지 역시 빨아서 다시 쓸 정도로 질기죠. 또 한지는 1,000년이 지나도 변치 않고 한결같아요. 몇 년만 지나면 누렇게 변하는 일반 종이와 많이 다르죠?

정답 64.② 65.③ 66.②

천연고무는 더운 지방에서 자라는 고무나무의 유액으로 만들어요. 고무나무에 지그재그로 칼집을 내면 우윳빛처럼 하얀 유액이 흘러나와요.

수백 년 전부터 남아메리카의 인디언은 고무나무 유액에 발을 담가발을 보호했어요. 신발의 고무 밑창은 여기에서 아이디어를 얻은 거예요. 그러나 요즘은 천연고무보다 화학물질을 섞은 합성고무를 더 많이 써요.

플라스틱

플라스틱의 성질

정답 67.③ 68.① 69.②

플라스틱은 신기한 재료예요. 헬멧처럼 딱딱한 플라스틱이 있는가 하면, 스펀지처럼 말랑한 플라스틱도 있죠. 또 어떤 플라스틱은 유리처럼 투명하지만 잘 깨지지 않아요.

플라스틱은 종류가 다양하고 나무, 유리, 금속, 고무처럼 만들 수도 있어요.

플라스틱은 물과 바람을 막아 주고, 또 험하게 다뤄도 쉽게 부서지지 않아요. 그래서 대부분의 장난감은 플라스틱으로 만든답니다.

정답 70.② 71.① 72.③

플라스틱은 석유를 가열할 때 나오는 기체로 만들어요. 플라스틱은 재료가 싸고 한꺼번에 많이 만들 수 있어요. 또 열을 가하면 원하는 모양을 쉽게 만들 수 있어요. 그래서 우리 생활 곳곳에는 플라스틱으로 만든 물건이 널려 있어요.

하지만 플라스틱은 썩지 않고, 태우면 독한 연기를 내요. 따라서 환경을 위해선 플라스틱 제품은 재활용해 쓰는 게 좋아요.

176-177쪽 정답이야.

집중탐구 퀴즈

문제를 잘 읽고 맞는 것을 골라봐. 쉽지 않을걸!

우린 특별한 유리로만 만들 수 있다고!

뜨거운 도가니에선 엿이 되는 줄 알았어!

우리 서로 붙어 있게 해 주세요.

다음 세상엔 잘 안 깨지는 안전유리로 태어날 거야!

흑흑

73 병은 유리로 만들어. 그럼 유리는 무엇으로 만들까?

① 모래   ② 흙   ③ 석유

74 유리를 만들려고 해. 놀이터 바닥의 모래로도 만들 수 있을까?

① 그럼, 모래면 다 돼.
② 아니, 깨끗하고 하얀 석영 모래가 있어야 해.

75 석영 모래를 뜨거운 불에 녹였어. 어떻게 될까?

① 바위처럼 딱딱해져.
② 솜처럼 푹신푹신해져.
③ 엿처럼 끈적끈적해져.

76 축구를 하다가 공이 유리창으로 날아갔어. 유리창은 어떻게 될까?

① 우지끈 부러져.
② 쫙쫙 찢어져.
③ 와장창 깨져.

77 유리는 잘 깨져. 왜 그럴까?

① 유리 입자가 불규칙하게 붙어서
② 유리 입자가 가지런히 붙어서
③ 유리 입자가 촘촘히 붙어서

78 자동차에 쓰는 안전유리는 잘 깨지지 않아. 안전유리는 어떻게 만들까?

① 유리 사이에 접착제를 넣어.
② 유리 사이에 플라스틱을 넣어.
③ 유리 사이에 고무를 넣어.

거울과 유리

우리 색깔, 예술이다!

색깔 없는 유리는 너무 초라해 보인다니깐.

우리처럼 금속을 넣었어야지.

실험 기구

염산 화나틴 사이다 코니아 식초 비눗물

잘 깨져도, 과학실에선 우리가 왕이란다!

철판이 우리가 잘 깨진다고 놀려요.

79 거울은 모습을 비춰. 거울은 무엇으로 만들까?

① 나무   ② 유리
③ 도자기

80 유리는 투명하지만 거울은 뒷면에 이걸 발라서 투명하지 않아. 무얼 발랐을까?

① 은   ② 돌가루
③ 종이

81 교회 유리창은 알록달록해. 색유리는 어떻게 만들까?

① 모래를 녹일 때 금속을 넣어.
② 모래를 녹일 때 종이를 넣어.
③ 모래를 녹일 때 물감을 넣어.

82 과학실에 있는 시험관, 비커, 집기병은 투명해. 무엇으로 만들까?

① 유리   ② 도자기
③ 플라스틱

83 과학실에 있는 실험 기구는 유리로 만든 것이 많아. 왜 그럴까?

① 안이 잘 보이고 잘 깨져서
② 안이 잘 보이고 쉽게 씻겨서
③ 안이 잘 보이고 날카로워서

84 잼이나 꿀, 피클은 주로 유리병에 담아 보관해. 왜 그럴까?

① 보온이 잘 돼서
② 음식이 상하지 않아서
③ 냄새가 배지 않아서

정답과 해설은 뒤쪽에 있어.

집중탐구 퀴즈 정답 & 해설

유리

유리의 성질

정답 73. ① 74. ② 75. ③

유리는 모래로 만들어요. 뜨거운 불에 모래를 녹였다가 다시 굳히면 유리가 돼요.

유리를 만들 땐 깨끗하고 하얀 석영 모래만 써요. 도가니라고 하는 큰 진흙 그릇에 모래와 소다회, 석회석을 넣고 뜨겁게 달구면 모래가 녹아서 끈적이는 엿처럼 돼요. 이 유리덩어리를 틀에 붓거나 대롱에 묻혀 풍선껌 불듯이 바람을 불어 넣으면 여러 가지 유리 물건을 만들 수 있어요.

정답 76. ③ 77. ① 78. ②

모든 물체는 아주 작은 입자로 이루어져 있어요. 이 입자들은 너무 작아서 눈으로는 볼 수 없죠.

금속과 같이 단단한 물체는 입자들이 촘촘히 붙어 있어요. 그래서 작은 충격에도 끄떡없죠.

유리의 경우 유리를 이루고 있는 입자가 불규칙하게 붙어 있어요. 그래서 조금만 충격을 가해도 쉽게 금이 가고 깨져 버린답니다.

안전유리는 깨져도 인체에 해가 가지 않게 만든 유리예요. 보통 유리사이에 합성수지막을 넣어 만들어요.

거울과 유리

실험 기구

정답 79.② 80.① 81.①

거울이 없을 때는 흑요석이라고 하는 빛나는 검은 돌과 청동거울을 썼어요.

거울은 1508년 이탈리아의 유리 제조업자가 만들었어요. 유리 뒷면에 주석과 수은을 입혔죠. 요즘은 주석, 수은 대신 은을 입혀요.

색유리를 만들려면 유리를 만들 때 금속을 넣으면 돼요. 코발트를 넣으면 파란 유리가 되고, 크롬을 넣으면 초록 유리가 된답니다.

정답 82.① 83.② 84.③

겉이 매끈한 유리는 더러운 물질이 묻어도 쉽게 잘 닦여요. 화학 약품은 찌꺼기가 여기저기 쉽게 남는데, 유리에는 붙어 있을 수 없어요. 그래서 과학자들은 정확한 실험을 위해 유리로 만든 실험 기구를 사용해요.

유리는 오래 사용해도 모양이 변하거나 냄새가 배지 않아요. 그래서 유리병에 잼이나 꿀, 양념, 밑반찬 같이 오래 보관하는 음식을 담아요.

180-181쪽 정답이야.

집중탐구 퀴즈

문제를 잘 읽고 맞는 것을 골라봐. 쉽지 않을걸!

금속

난 정말 튼튼해.

광택 좀 봐.

철길

우리 키는 고무줄 키!

더우면 쑥쑥 크는 키!

기차 온다!

85 가스레인지에 냄비를 올렸어. 냄비는 무엇으로 만들까?

① 플라스틱　　② 금속
③ 고무

86 냄비는 금속으로 만들어. 금속은 어디에서 얻을까?

① 돌 속에서
② 나무 속에서
③ 동물 몸 속에서

87 금속은 돌 속에 박혀 있어. 금속만 떼어 내려면 어떻게 할까?

① 뜨거운 불로 녹여.
② 집게로 하나씩 뽑아 내.
③ 자석을 갖다 대.

88 기차는 철길로 다녀. 철길은 무엇으로 만들까?

① 철　　　　　② 시멘트
③ 흙

89 철길은 중간 중간에 틈새가 있어. 왜 그럴까?

① 철이 녹슬어서
② 날이 더우면 철이 늘어나서
③ 철이 자석처럼 서로 밀어내서

90 철은 날이 더우면 늘어나. 만약 철길에 틈새가 없다면 어떻게 될까?

① 철길이 휘어져.
② 철길이 끊어져.
③ 철길이 갈라져.

재활용

여긴 종이만 올 수 있다니깐.

종 이 팩
(우유팩, 두유팩, 산유팩)

소주,맥주

잡 병

무조건 넣는데 어쩌라고?

재활용 종이

코팅팩했을 때 좋았는데….

변신하려면 돈 좀 들겠군.

---

91 쓰레기 분리수거의 날이야. 다음 중 재활용이 가능한 건 무엇일까?

① 누런 코를 푼 휴지
② 다 쓴 식용유 병
③ 속을 빼먹은 조개껍데기

92 재활용할 수 있는 쓰레기는 따로따로 모아야 해. 재활용 쓰레기를 나누는 기준은 무엇일까?

① 물건의 색깔 　② 물건의 쓰임새
③ 물건의 재료

93 다 쓴 식용유 병은 다음 중 무엇과 한데 모을 수 있을까?

① 우유팩 　　　② 캔
③ 생수 병

94 종이를 재활용하면 누런 전화번호부 책을 만들 수 있어. 우유팩으로는 무엇을 만들 수 있을까?

① 스키복 　　② 알루미늄 깡통
③ 두루마리 화장지

95 우유팩은 일반 종이를 재활용할 때 보다 돈이 더 많이 들어. 왜 그럴까?

① 우유팩을 펼쳐야 해서
② 비닐을 따로 벗겨야 해서
③ 냄새를 없애야 해서

96 종이는 여러 번 재활용할수록 누래져. 가장 많이 재활용된 종이는 무엇일까?

① 하얀 공책
② 노르스름한 신문
③ 누런 라면 상자

정답과 해설은 뒤쪽에 있어.

집중탐구 퀴즈 정답 & 해설

금속

넌 아직도 철광석이냐? 난 삽 됐는데!

부럽다. 흑흑.

철길

정말 더우면 철이 늘어나는구나!

컥! 에펠 탑이 10센티미터나 커졌잖아!

꼭대기까지 오르려니 너무 배고프다!

정답 85.② 86.① 87.①

금속은 광택이 나고 만지면 차갑지만 열을 잘 전달해요. 금속에는 금, 은, 동 같이 값비싼 귀금속과 철, 구리, 알루미늄처럼 주위에서 흔히 볼 수 있는 금속이 있어요.

금속은 대부분 깊은 땅 속에 묻혀 있어요. 때때로 금속 덩어리로 발견되지만 대부분 돌과 섞여 있어요. 금속이 들어 있는 돌을 광석이라고 해요. 이 광석에 높은 열을 가하면 금속을 암석에서 분리할 수 있어요.

정답 88.① 89.② 90.①

강철은 강하고 오래가요. 그래서 높은 빌딩을 지을 때 기둥으로 쓰거나 기찻길을 만들 때 써요.

강철은 더운 날에는 늘어나고 추운 날에는 줄어드는 성질이 있어요. 그래서 기찻길을 놓을 때 중간중간 사이를 조금씩 틈을 내요. 만약 틈이 없다면 여름날 철이 늘어나서 철길이 휘어져요. 강철로 만든 프랑스 파리의 에펠탑은 더운 날 길이가 무려 10센티미터나 늘어나기도 해요.

재활용

재활용 종이

유리, 종이, 알루미늄캔, 철, 플라스틱 쓰레기는 재활용할 수 있어요. 재활용을 하면 새로 만드는 것보다 자원과 에너지를 절약해서 환경을 보호할 수 있어요.

재활용 쓰레기를 모을 때는 같은 재료로 만든 것끼리 모아요. 만약 어떤 재료로 만들었는지 잘 모를 때에는 겉면의 재활용 마크를 찾아 보세요. 철로 만든 캔과 알루미늄 캔은 비슷해 보이지만, 재활용 마크가 달라요.

종이를 재활용하면 새로 만들어 쓸 때보다 절반가량의 물과 에너지가 절약돼요. 나무도 살릴 수 있고요. 종이는 여러 번 재활용이 가능해요. 대신 재활용을 여러 번 할수록 누런 갱지나 두꺼운 종이 상자처럼 색이 누렇게 돼요.

재활용 종이로 만든 두루마리 휴지는 표백제를 넣어 하얗게 만들어요. 방수 처리가 된 우유팩, 종이컵은 재활용할 때 비닐을 따로 떼내야 해서 돈이 많이 들어요.

184-185쪽 정답이야.

1 공기가 공간을 차지하는지 확인 실험 　　3학년

종이배　　　　　　유리컵

물　　　　　　　　　　　　　　　　　수로

1. 물에 띄운 종이배를 컵으로 씌워 컵이 물에 잠기도록 누르면 컵 속의 종이배의 돛은 물에 젖는다. (○ , ×)

2. 컵 속의 종이배는 유리컵의 바닥에 닿지 않는다. (○ , ×)

3. 이 실험으로 컵 속에 공기가 일정한 공간을 차지하고 있다는 것을 알 수 있다.
(○ , ×)

2 여러 가지 가루 물질의 성질 　　3학년

구분	설탕	소금	탄산수소나트륨	녹말	황산구리
색깔	흰색	흰색	흰색	흰색	파란색
반짝임	있음	있음	없음	없음	없음
알갱이	보통	큼	작음	작음	불규칙
감촉	거칠다	거칠다	부드럽다	부드럽다	거칠다

1. 설탕과 소금은 모두 흰색이고, 황산구리는 노란색이다. (○ , ×)

2. 탄산수소나트륨은 반짝임이 있다. (○ , ×)

3. 녹말의 알갱이 감촉은 부드럽다. (○ , ×)

190쪽 정답 5 1. ○　2. ×　3. ×

188

기대하시라!

3 쓰임새는 같지만 다른 물질로 만들어진 물체의 장단점 3학년

물체	물질	특징
바퀴	나무	충격을 흡수하지 못해 승차감이 나쁘고 잘 부서짐.
컵	고무	충격을 잘 흡수해 승차감이 좋음.
	플라스틱	가볍고 잘 깨어지지 않지만, 불투명한 경우 안에 담긴 것을 잘 볼 수 없음.
	유리	투명하여 컵 안에 담긴 것을 볼 수 있지만, 깨어지기 쉬움.

1. 고무 바퀴는 나무 바퀴보다 충격을 잘 흡수해 승차감이 좋다. (○ , ×)

2. 유리로 만든 컵은 가볍고 잘 깨어지지 않는 장점이 있다. (○ , ×)

4 열에 의한 부피 변화 4학년

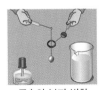
금속의 부피 변화

물의 부피 변화

공기의 부피 변화

1. 쇠구슬을 가열하면 부피가 늘어나 쇠고리를 빠져나가지 못한다. (○ , ×)

2. 쇠구슬을 식히면 부피가 줄어들어 쇠고리를 빠져나간다. (○ , ×)

3. 물을 식히면 시험관 속 물의 부피가 늘어난다. (○ , ×)

4. 고무 풍선을 끼운 페트병을 뜨거운 물에 넣으면 고무 풍선이 팽팽해진다.

(○ , ×)

5 두 개의 자석 사이에 철가루가 늘어선 모양 　　　　　　3학년

• 다른 극 사이 : 두 극이 서로 이어지는 모양

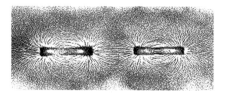 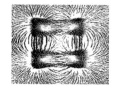

• 같은 극 사이 : 철가루가 밀려나가서 벌어지는 모양

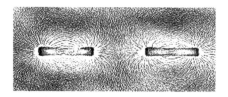 

1. 자석 둘레에 선처럼 나타나는 철가루의 배열은 자기장 모양과 같다. (○ , ×)

2. 두 개의 자석이 다른 극끼리 마주보게 놓여 있는 경우 철가루가 밀어 내는 모양으로 늘어선다. (○ , ×)

3. 두 개의 자석이 같은 극끼리 마주보게 놓여 있는 경우 철가루가 두 극이 서로 이어지게 늘어선다. (○ , ×)

6 가루를 물에 빨리 녹이는 방법   5학년

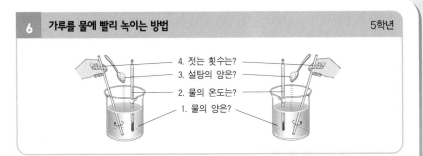

4. 젓는 횟수는?
3. 설탕의 양은?
2. 물의 온도는?
1. 물의 양은?

1~4. 설탕을 더 빨리 녹일 수 있는 경우를 골라 O표하시오.

1. ㉠ 많다.   ㉡ 적다.

2. ㉠ 차갑다.   ㉡ 뜨겁다.

3. ㉠ 많다.   ㉡ 적다.

4. ㉠ 적다.   ㉡ 많다.

마법천자문 과학 퀴즈북 2 – 식물의 세계

글 아울북 초등교육연구소
삽화 서규석

1판 1쇄 인쇄 2009년 8월 17일
1판 1쇄 발행 2009년 8월 21일

펴낸이 김영곤
펴낸곳 (주)북이십일 아울북
개발실장 이유남
기획 개발 신정숙, 김수경, 조국향, 안지선, 이장건
마케팅 김보미, 이태화, 배은하
영업 이희영, 김태균, 정원지
디자인 표지_최은, 본문_이선주
편집 다우

주소 경기도 파주시 교하읍 문발리 파주출판문화정보산업단지 518-3(413-756)
연락처 031-955-2708(마케팅), 031-955-2116(영업), 031-955-2175(내용문의)
홈페이지 www.keystudy.co.kr
출판등록 제10-1965호 COPYright@2009 by 아울북. All rights reserved

값 8,500원
ISBN 978-89-509-1979-5
ISBN 978-89-509-1992-4(세트)